本书得到教育部人文社会科学研究一般项目（项目编号：21YJ

中国资本市场危机情绪的影响及干预研究

郭霖麟◎著

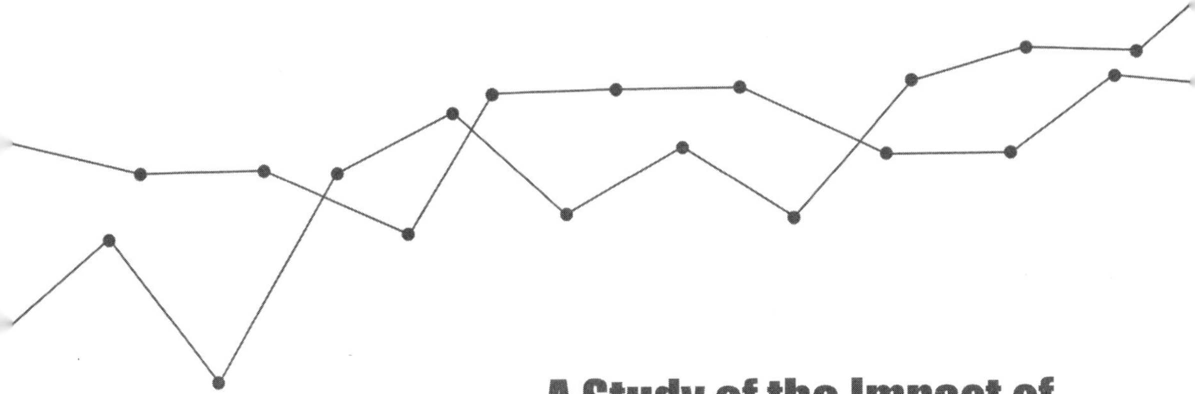

A Study of the Impact of Crisis Sentiment in China's Capital Market and its Intervention

经济管理出版社
ECONOMY & MANAGEMENT PUBLISHING HOUSE

图书在版编目（CIP）数据

中国资本市场危机情绪的影响及干预研究/郭霖麟著．—北京：经济管理出版社，2022.5

ISBN 978-7-5096-8471-9

Ⅰ.①中…　Ⅱ.①郭…　Ⅲ.①金融市场—市场危机—影响因素—研究—中国　Ⅳ.①F832.5

中国版本图书馆 CIP 数据核字（2022）第 090767 号

组稿编辑：许　艳
责任编辑：许　艳
责任印制：黄章平
责任校对：蔡晓臻

出版发行：经济管理出版社
（北京市海淀区北蜂窝 8 号中雅大厦 A 座 11 层　100038）
网　　址：www.E-mp.com.cn
电　　话：（010）51915602
印　　刷：唐山玺诚印务有限公司
经　　销：新华书店
开　　本：720mm×1000mm/16
印　　张：12.75
字　　数：162 千字
版　　次：2022 年 6 月第 1 版　　2022 年 6 月第 1 次印刷
书　　号：ISBN 978-7-5096-8471-9
定　　价：68.00 元

联系地址：北京市海淀区北蜂窝 8 号中雅大厦 11 层
电话：（010）68022974　　邮编：100038

前　言

金融安全是国家安全的重要组成部分，是经济平稳健康发展的重要基础。当前世界形势错综复杂，内外部环境的不确定性和不稳定性上升，金融市场和实体经济震荡异频失序的现象明显增多，资本市场异常波动的频率加大。与成熟金融市场相比，中国资本市场具有更强的心理特征，极易受到各种冲击的影响，一旦内外部环境发生变化，容易诱发投资者非理性心理，形成一致性危机预期，引发市场风险甚至金融危机。因此，为了加强投资者非理性因素引导与管理，避免市场异常波动冲击经济发展与政策目标的达成，亟须一套行之有效的管理策略和机制。

本书围绕投资者危机情绪的分化和反转机制展开研究，以应用心理学、管理学、神经科学、行为经济学等学科理论为基础，搭建基于政府直接干预的危机情绪分化和反转的理论分析框架，将传统情绪测度指标与网络大数据技术相结合而构建中国投资者危机情绪指数，揭示危机情绪的宏观和微观影响效应，提高金融异象的解释力度。结合中国情景，将政府直接干预行为与投资者危机情绪之间的动态关系作为市场危机中的重要元素进行综合性阐述。通过研究政府买入式干预和沟通式干预对危机情绪在整体层面和微观层面的影响效应，厘清微观层面不同特征组的不同反应敏感性，从市场层面和心理层面两个传导渠道研究危机情绪的分化机制。针对危机情绪的波动特征，量化信息指标权重，建立多层次信息冲击检验模型，研究危机情绪的反转机理，通过危机情绪的分化和反转两个途径突破监管部门管控投资者非理性因素的难点及瓶颈。研究上述问题，不仅有助于从理论层面上拓展防范金融风险的相关研究，也有助于监管部门制定更具针对性的平稳市场的政策措施。

目　录

第一章 绪论

第一节 研究背景与意义

一、研究背景

进入 20 世纪以来，股市危机的频发引起了学者的广泛关注，大量文献从货币政策、金融自由化、监管缺失、投资决策、道德风险和经济结构失衡等角度研究了股市危机的原因和后果，但这些文献大多用含有“理性”行为人假设和有效市场理论的模型来研究，忽视了个体异质性对于危机的影响。随着行为金融学的快速发展以及美国 2008 年次贷危机的爆发，理论界和实务界开始关注危机中个体非理性行为的影响。美联储前主席格林斯潘在对 2008 年次贷危机反思时认为，动物精神的强大驱动力是危机产生的重要原因；人类自我膨胀的说服力量和缺乏理性是导致危机的重要原因（刘鹤，2013）；行为金融学学者认为，作为衡量人类非理性程度指标的投资者情绪（Barberis et al.，1998；Baker and Wurgler，2006；Gandhi and Lustig，2015）在危机中扮演了重要的角色（Hoffmann et al.，2013；Brunnermeier et al.，2017；Anastasiou and Drakos，2021；朱孟楠等，2020）。

为避免危机蔓延，政府在危机时期采用一些非市场化的手段管理或干预市场的做法变得越来越普遍。对于政府在应对市场危机中的角色和政府救市政策的市场效应，已有研究的评价褒贬不一，对政府在危机时是否应该干预市场尚存在争论。Bernanke（1983）指出，政府救市能够增强金融中介的有效性，避免股市的巨大风险通过金融机构放大到实体经济中；为了防范危机以及危机的蔓延，必要时公共部门应及时参与救助，中央银行在危机处理和救助中可以发挥独特的作用（周小川，2012）。同时有很多学者认为，政府的干预只能短期降低危机所带来的损害，并不能从实质上解决问题，反而可能引发道德风险，降低市场质量（Frino et al.，2011；Duchin and Sosyura，2014）。但无论学术如何争论，OECD 成员国政府采用直接干预的形式来调节市场的现象越来越常见（Brunnermeier et al.，2017；李志生等，2019）。

作为新兴市场的中国股市波动尤其剧烈，市场整体非理性行为显著，投资者疯狂和恐惧情绪的频繁交替而造成资产价格剧烈波动的现象时有发生，金融市场和实体经济震荡异频失序的现象明显增多。2015 年，中国 A 股市场先后发生了三次大规模的崩盘事件（6 月 26 日，8 月 24 日，8 月 25 日），半年时间股指下跌 49%，市值蒸发约 36 万亿元，市场频现千股跌停、千股停牌现象，流动性几近枯竭，股市运行的危急状况实属罕见，2016 年“熔断”、2018 年股权质押危机、2019 年中美贸易摩擦、2020 年新冠肺炎疫情冲击，资本市场异常波动的频率不断加大，这些事件对我国金融市场的稳定产生了严重的冲击。在此期间中国政府亦频频出手干预，直接参与市场交易，买入金额超过万亿元人民币。

习近平指出，“当前我国正处于防范风险的关键时期，打好防范化解重大风险攻坚战要防范金融市场异常波动和共振”“要善于预见和预判各种风险挑战，做好应对各种‘黑天鹅’‘灰犀牛’事件的预案”。中国资本市场的异常波动虽然不是由投资者非理性心理引起的，但由此形成的恐慌心理往往在资产价格剧烈波动中起着推波助澜的作用。在当前我国防范金融风险的背景下，研究投资者的危机心理以及危机心理的影响与管控尤为必要，因为“恐慌比危机更可怕”，这种恐慌心理在非常时期极易形成一致性危机预期，影响资产价格、市场波动，甚至宏观经济的运转（Anastasiou and Drakos，2021）。

基于此，本书认为，稳定市场的关键是引导和管理投资者非理性因素，重点在于阻断和分化群体的危机心理。与国外政府较为多样化的救市手段不同，中国资本市场尚未成熟，主要由缺乏经验的个人投资者组成，同时考虑到中国监管部门“家长式”的监管文化，在危机时期，中国监管部门更多地采用直接救市的方式遏制投资者的非理性恐慌。本书探讨的是，面对市场危机时，中国监管部门的直接救市行为是否有效？能否缓解投资者的恐慌心理？哪些特征的股票更容易受监管部门救市的影响？如何分化或打破市场的危机心理？目前鲜有文献对此进行系统的阐述。鉴于此，本书以危机时期中国监管部门直接干预行为对投资者危机心理的影响及其内在机制为研究对象，结合中国情景将监管部门直接干预行为与投资者危机情绪之间的动态关系作为市场危机中的重要元素进行综合性的阐述，通过提供有针对性的理论依据和经验证据，揭示监管部门直接干预行为的影响规律，最终提出分化、反转投资者危机情绪的具体思路与策略。本书的研究将有助于科学管控投资者非理性因素、促进市场健康平稳运行，最大限度地减少非理性因素的冲击，为防范金融风险、维护金融安全的具体实践提供新的视角。

二、研究意义

金融安全是国家安全的重要组成部分，是经济平稳健康发展的重要基础。本书在系统厘清监管部门直接干预行为影响效应的基础上，进一步揭示危机时期投资者危机情绪在监管部门直接干预作用下的分化效应与传导机制，并由此提出有针对性的应对措施，从而有助于监管层精准施策以化解市场非理性危机情绪，抑制危机时期投资者非理性因素对市场的不利影响，降低系统性风险概率，维护金融安全。本书具有一定的学术意义和现实意义。

（一）学术意义

第一，丰富危机时期监管部门干预政策效应的相关研究。本书通过将支配投资活动的个体心理因素纳入研究框架，把监管部门直接干预行为与投资者情绪之间的动态关系作为市场危机中的重要元素进行综合性的阐述。结合应用心理学、神经科学、行为金融学等相关理论分析“个体情绪→市场危机情绪”的产生以及“监管部门直接干预→市场危机情绪”的分化，从理论层面系统揭示监管部门直接干预行为对投资者情绪的影响效应，有助于丰富危机时期监管部门干预政策效应的相关研究。

第二，厘清危机时期监管部门直接干预行为分化危机情绪的传导机制。在揭示监管部门直接干预行为影响效应的基础上，提供有针对性的经验证据，研究微观层面不同特征危机情绪对监管部门买入式干预和沟通式干预行为的反应敏感性，这有助于更加深入地理解监管部门行为如何干预和影响非理性心理因素并介入决策的基本理论问题。

第三，进一步丰富与扩展资本市场风险管理理论。危机时期资本市场的风险管理要做到有效性和精准性并存，需要明晰监管部门干预行为的影响效应与传导机制。在系统分析监管部门直接救市行为影响机理的基础上，揭示危机时期投资者危机情绪在监管部门干预下缓解、分化的过程，并由此提出有针对性的理论依据，进一步丰富与扩展资本市场风险管理理论。

（二）现实意义

第一，为监管部门风险管理提供数据基础。由于大数据、云计算等高新技术广泛应用，传统金融风险的表现形式、传染路径正发生深刻改变。及时、准确地获取市场心理状态是监管部门进行危机情绪管理的关键。通过综合运用网络大数据技术收集股吧文本数据与百度搜索指数，构建基于网络大数据的投资者危机情绪测度指数，有助于监管部门及时准确地获取市场心理状况。

第二，为危机时期监管部门干预投资者非理性因素提供经验证据。中国资本市场经过 30 多年的快速发展，在市场建设、法律法规、基础功能、产品创新方面取得的成果有目共睹，但是 30 多年的发展历程并不足以培育出一个理性、成熟的市场，当前中国股市具有很强的心理特征，市场整体非理性行为显著，投资者心理变化和反应在投资者决策中起到主导作用，情绪狂热会导致资产价格非理性上涨，情绪低落则会导致股票价格非理性暴跌，近年来，投资者恐惧和贪婪的频繁转换而造成资产价格剧烈波动的现象时有发生。本书在系统厘清监管部门直接干预行为影响机理的基础上，探究危机时期基于监管部门干预的投资者危机情绪分化传导与反转机制，通过提供有针对性的理论依据和经验证据，揭示危机情绪的形成、分化和反转规律，为危机时期监管部门干预投资者非理性因素提供经验证据。

第三，为实际投资活动提供借鉴参考。情绪作为一种心理现象，在投资过程中发挥了重要的作用。本书通过对投资者情绪的变化特点、机理的研究，在深刻认识危机时期监管部门干预对投资者情绪作用与影响机理的基础上进行量化建模构建投资策略，将会给投资者实际的投资活动提供一定的策略指导。

第二节 研究内容与结构

一、研究内容

本书的研究内容共有五大模块：一是中国资本市场投资者危机情绪测度指数构建；二是危机情绪的波动特征与影响效应研究；三是监管部门直接干预行为对危机情绪的影响效应研究；四是监管部门直接干预行为对危机情绪的分化效应与反转效应研究；五是基于危机情绪反转效应的投资策略构建。具体研究内容如下：

模块一：中国资本市场投资者危机情绪测度指数构建。互联网数据记录了投资者的微观心理信息和搜索关注，为研究提供了海量的数据基础。本书将利用网络爬虫技术、百度指数等网络大数据的方法，同时结合现有文献关于投资者情绪的构建方法，提取危机情绪的共同成分，构建中国资本市场危机情绪、个股危机情绪以及机构和个人危机情绪指数，并验证指数的有效性。

模块二：危机情绪波动特征与影响效应研究。首先探究在信息冲击下，机构和个人投资者的危机情绪面对不同性质的消息如何波动以及波动的特点；其次研究危机情绪的影响效应，危机情绪作为一种非理性因素，是众多金融异象的直接或间接原因。本模块将研究危机情绪的相互效应、宏观效应以及微观效应。

模块三：监管部门直接干预行为对危机情绪的影响效应研究。首先，对危机时期监管部门干预对投资者危机情绪的影响进行理论分析，建立“市场危机情绪的形成→监管部门直接干预→市场危机情绪的分化”的理论分析框架。从理论的角度探究在监管部门直接干预下投资者危机情绪的演变规律。在理论分析的基础上，构建多时点回归模型检验危机时期监管部门买入式干预对投资者情绪的影响效应，进一步将这种影响效应的检验深入到微观层面的不同特征组，针对影响强度显著的特征组，进一步设计多元化回归模型探究这些影响效应会受到公司哪些因素的显著影响。其次，研究监管部门沟通式干预对危机情绪的影响。除了直接注入资金干预，对于监管部门救市没有买入的股票，监管部门的沟通式干预是否也存在类似影响效应？考虑到监管部门的权威性，其沟通式干预亦有可能对市场危机情绪产生影响。本模块设计相关实验检验监管部门沟通式干预对市场危机情绪的影响以及对不同特征组股票危机情绪的影响效应。

模块四：监管部门直接干预行为对危机情绪的分化效应与反转效应研究。危机时期，具有负面情绪的投资者经过群体演化极易形成市场危机情绪，监管部门直接干预的关键是阻断危机情绪的蔓延。本模块提出两种管控危机情绪的思路：一是在证明监管部门直接干预行为影响效应的基础上，从市场层面和心理层面两个传导渠道揭示危机时期投资者危机情绪在监管部门干预下分化、缓解的过程；二是通过多层面信息冲击，研究危机情绪的反转效应。

模块五：基于危机情绪反转效应的投资策略构建。本模块在上述研究的基础上，借鉴传统的动量反转量化模型，构建基于政策干预的中国股票市场机构和个人投资者情绪动量反转策略，分析组合在不同策略下超额收益的情况，为相关投资者提供借鉴。

二、技术路线

本书的最终目标是研究监管部门直接干预行为对危机情绪的分化效应，

通过提供理论依据和经验证据，提高危机时期监管部门直接干预的针对性与精准性。该目标主要通过以下四个步骤实现：

第一，详细梳理和分析危机时期监管部门干预的相关理论，结合中国情景，从行为金融学的角度建立"危机情绪形成→监管部门直接干预→危机情绪分化"的理论分析框架。

第二，利用网络大数据技术收集代表危机心理的百度搜索数据和股吧文本交流数据，结合投资者情绪测度指标等数据，利用主成分分析法提取共同的危机情绪成分，构建涵盖从个体到机构的中国投资者危机情绪测度指数，为本书的实证研究提供数据基础。对危机情绪的形成机制进行理论分析，基于两阶段危机情绪模型构建投资者决策模型并进行推导论证，为后续研究危机情绪的分化奠定基础。

第三，分析监管部门买入式干预和沟通式干预的影响效应，结合危机时期中国股市的真实生态，在构建的理论框架的指导下，设计相关实验进一步探究不同特征组对监管部门直接干预行为的反应敏感性，揭示在市场主流危机情绪的覆盖下，存在监管部门干预所催生的不同心理情绪。

第四，探究上述不同危机情绪对市场主流危机情绪的分化效应与反转效应，并从市场层面和心理层面研究监管部门直接干预对分化一致性危机情绪的传导机制。

在上述研究的基础上，提出具体的投资策略检验。本书研究的技术路线如图 1-1 所示。

三、结构安排

围绕中国资本市场危机情绪分化机制研究这一主题，本书共分八章进行讨论，研究内容安排如下：

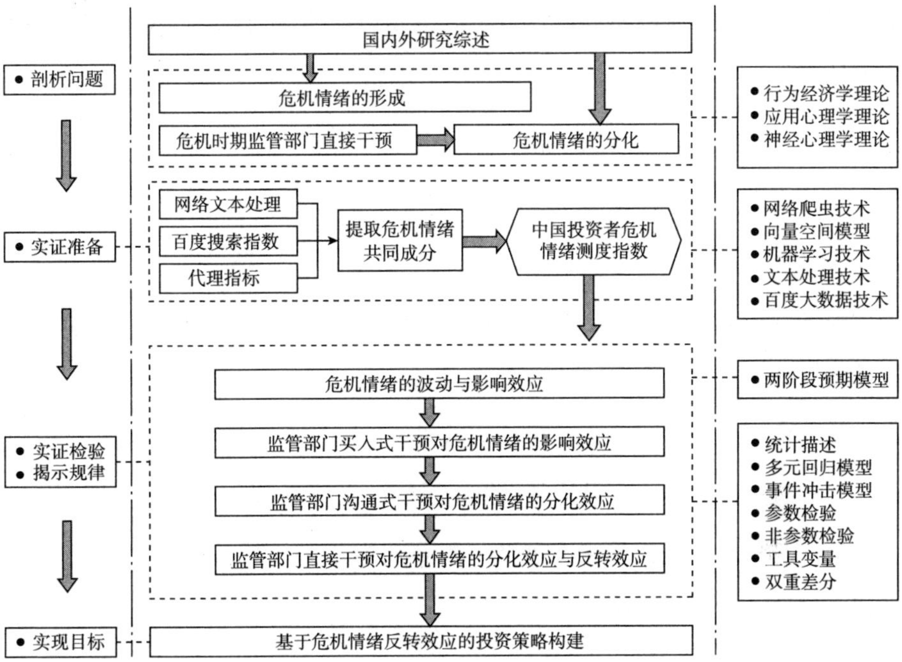

图 1-1　本书研究的技术路线

第一章，绪论。该章首先介绍了本书的研究背景，对目前该领域的研究现状和实践需求进行了阐述，随后对研究意义、研究内容、技术路线、结构安排以及创新点进行了介绍。

第二章，文献综述。文献综述按照本书的研究思路展开，首先对危机情绪和政策干预相关理论进行梳理总结，在此基础上从行为金融学的角度对政策干预对危机情绪的影响以及分化效应进行综述，通过整理相关理论、文献，为本书的研究提供理论依据。

第三章，中国资本市场危机情绪测度指数构建。本章结合中国资本市场实际特征，分别构建市场危机情绪、个股危机情绪以及机构和个人危机情绪指数，并验证指数的有效性。

第四章，中国资本市场危机情绪的波动与影响研究。本章对危机情绪的波动特征与影响效应进行研究，并总结波动特征与影响机理。

第五章，监管部门直接干预对危机情绪的影响机理研究。本章通过研究来揭示监管部门买入式干预和沟通式干预对危机情绪的宏观和微观影响效应。

第六章，监管部门直接干预行为的分化效应与反转效应研究。本章从心理和市场两个渠道研究基于政策干预的危机情绪的分化效应；从多个信息冲击的角度研究危机情绪的反转效应。

第七章，基于危机情绪反转效应的投资策略构建。本章在上述研究的基础上，通过具体的实验，设计危机情绪反转的投资策略。

第八章，研究结论与未来展望。本章对本书的主要研究结论进行总结，并对今后进一步的研究进行了展望。

第三节　研究目标和方法

一、研究目标

第一，结合中国资本市场具体情境，构建了基于网络大数据的中国资本市场危机情绪测度指数，为本书研究危机情绪变化提供数据基础。

第二，研究危机期间监管部门直接干预行为对危机情绪的影响效应，揭示了市场微观层面的危机情绪对监管部门直接干预行为的反应敏感性，从而为有效地分化一致性危机情绪提供经验数据和理论支持。

第三，研究危机期间监管部门直接干预行为对市场危机情绪的分化效应。

揭示在股市危机期间监管部门干预对市场危机情绪的“缓解效应”，为提出有针对性的危机时期风险应对措施提供借鉴参考。

第四，厘清股市危机期间监管部门直接干预行为分化市场危机情绪的传导机制。从市场层面和心理层面两个渠道深入分析监管部门直接干预行为对市场危机情绪的传导机制，突破市场危机情绪分化的难点和瓶颈。

二、研究方法

根据本书的研究内容和研究目的，主要采用的研究方法如下：

第一，规范性理论分析与逻辑演绎。在应用心理学、神经科学、行为金融学、管理学关于人的危机情绪与行为分析的基础上采用文献分析法、归纳法、演绎法等规范分析方法分析危机时期基于监管部门干预的危机情绪演化规律，从理论上验证本书研究的逻辑思路和框架结构。

第二，网络大数据技术与统计分析相结合。运用网络大数据技术收集网络文本与百度搜索指数数据，利用主成分分析法构建多因素复合指标体系。具体的方法与工具包括网络爬虫技术、机器学习法、LDA 模型、百度搜索指数、描述性统计、KMO 检验、Bartlett's 球形检验和主成分分析法等。

第三，定性分析和定量分析相结合。对监管部门买入式干预的影响效应、沟通式干预的影响效应、危机情绪分化效应与传导机制等既采用定性分析又采用定量分析。具体的方法包括多时点回归分析、工具变量、匹配—双重差分法、多元回归分析、事件分析法、参数检验与非参数检验等。

第四节　本书的创新

本书研究的特色与创新主要体现在以下四个方面：

第一，构建了新的研究框架。与现有研究关注政府干预的整体影响效应不同，本书将投资者危机情绪形成及分化的过程与政府直接干预行为结合起来考察它们之间的动态影响机制，延伸了现有“政府干预→危机情绪”这一传导机制研究的理论框架，进一步揭示政府直接干预行为如何催生不同的市场情绪以及如何引导市场危机情绪的分化。

第二，为危机时期监管部门干预的政策效应研究提供了新的视角。与现有研究多关注监管部门买入式救市效应不同，本书根据中国股市特点，研究危机时期监管部门沟通式干预的影响效应，揭示这种影响效应下产生的监管放松心理和投机心理以及这些心理对危机情绪的分化作用，为国内资本市场风险管理相关研究和具体实践提供新的视角。

第三，更加突出对“动物精神”的引导。与传统资本市场理论注重以理性化构建、分析市场的思想不同，基于行为金融学理论，本书认为，完美不是人的本质，“动物精神”与生俱来，特别是在危机时期，“趋利避害”是自然界进化的本能，如果不加干预，容易造成流动性踩踏甚至引发金融危机。但非理性因素并非一成不变，现有研究更多侧重阐述或解释“动物精神”的现象和原因，但基于现实经验，投资者的非理性状态存在科学引导的路径。本书从人的本质出发，以人的非理性部分为研究主题，在研究中，始终坚持以人为本，用更接近实际人的行为人建模，力争将研究与现实相结合，在真实、深刻地把握市场非理性程度的基础上，探究监管部门直接干预引导非理性心理的可能性，最终为科学管理、引导非理性提供理论依据和经验证据。

第四，多学科的综合研究。金融危机由于涉及投资者非理性行为，会出现比较显著的非线性特点。非线性的一大特点就是不符合叠加原理，因而存在较明显的多样性和复杂性，迫切需要采用多种学科的理论和研究方法以更好地刻画危机时期投资者非理性因素的特征，因此，本书以经济学、应用心理学、管理学、神经科学、金融工程等学科为理论基础，结合多个学科的相关方法论，将进一步加强多学科的交叉与应用。

第二章　文献综述

第一节　投资者情绪相关理论

一、心理学关于情绪的研究

人类对情绪最早的研究可以追溯到柏拉图和亚里士多德的情绪理性主义，17 世纪，笛卡尔对该理论进行了拓展，笛卡尔相信情绪控制着决定人类活动的活力因素。继笛卡尔之后，达尔文在《人类与动物的表情》一书中强调情绪的生物学意义以及外显行为和外界环境刺激的重要性，还指出了人和动物在情绪方面尤其是表情方面的连续性。

进入 19 世纪，心理学开始对情绪进行研究，情绪也逐渐成为心理学体系中重要且不可缺少的环节，心理学家认为，情绪是影响人类行为的一个重要方面。情绪在人际交往、态度改变、工作表现乃至学习和记忆的效果等方面都起着重要的作用。然而，对情绪进行研究并不是一个简单的问题，情绪的产生，既是一种生理反应，又是一种心理过程；情绪既是动物和人类共有的、与生俱来的先天本能，又是人类通过后天学习获得的行为表现。如何对情绪进行定义、分类、测量历来都是心理学领域的研究者所面临的挑战。James（1884）提出了第一个系统的情绪心理学理论，到20世纪50年代开始出现各种情绪理论。美国社会心理学家沙赫特（Schachter）提出了情绪三因素理论，该理论认为，环境影响、认知过程、生理状态三种因素之间的相互作用是情绪产生的结果，在三种因素之中，认知过程在情绪的产生中起到关键作用。心理学家基于实验结果认为，情绪状态的体验是由对唤醒状态的“定义”决定的，生理唤醒并不是激活情绪的唯一条件，而是必要条件，这种对自身情绪状态的“定义”是根据对当前环境信息的认知和过去的经验记忆的加工而做出的一种合理“解释”，正是这种“定义”或者“解释”决定着当前个体的情绪状态，因此，情绪发生的关键是对外的认知和对内的自身加工，单纯的生理唤醒或者环境因素都不能唯一地决定情绪状态。社会心理学家Schachter的情绪理论就表达了类似的观点。根据他的理论，情绪的产生需要三个条件：生理唤醒和将其定义为某种情绪状态的认知。Schachter和Singer（1962）认为，引起情绪的事件在体内引起的生理唤醒是相当模糊的，个体需要通过寻求环境中的线索来对这种唤醒进行定义和命名。因此，同样的生理反应由于个体对它的解释不同，可能会产生不同的情绪体验。该情绪理论虽有一定的局限性，但它引起了情绪研究者的极大重视，并在几十年内指导着（至少在社会心理学领域中）研究者的思路。Averill（1969）等研究认为，情绪是具有3个子系统的复杂的反应系统，这3个子系统是刺激性质、评价子系统与反应，同时，情绪反应可以分为认知的、表情的和工具性的，认知反应是防御机制，表情反应主要出现在面部，工具性反应则是情绪存在的象征。Lazarus 和 Richard（1991）进一步扩展认知评价理论，提出了情绪激活模型，认为情绪源于一系列认知评价，能否激活某种情绪以及被激活的强度取决于目标相关性评价，如果刺激情境与个体某种价值目标有潜在的相关性，那么会引起大脑皮层的兴奋，从而激活相应的情绪。美国心理学家 Heller 等通过建立一个情绪唤醒模型来解释情绪的形成，模型由信息的知觉分析、认知比较器、认知加工三部分组成，若知觉分析与认知加工之间不一致，例如，当未曾唤醒情绪或违背意愿的事件出现时，认知比较器就会发出信息，动员一系列神经过程，释放适当的化学物质，改变脑的神经激活状态，使身体适应当前情景的要求，这时情绪就被唤醒了（Heller et al.，1997）。

在研究情绪的唤醒时，虽然多数研究在自然条件下进行，但实验研究显然是最合适的方法。在心理学领域，实验室中研究情绪时用以引起情绪唤醒的方法很多，常见的有以下几种：①回忆过去具有情绪色彩的生活事件。让被试在实验开始时花一定时间回忆生活中让自己感到高兴或悲伤（或其他有关情绪）的事件。②观看图片或电影。让被试从幻灯片中或直接观看有明显表情的人像照片，或观看有强烈情绪色彩的电影，以产生所需要的情绪。③让被试做出面部表情。④以实验任务激起某种情绪。除此之外，学者们发现负面信息、不确定的信息环境更容易唤醒情绪（Perchtold-Stefan et al.，2020；孟迎芳等，2018；宋红娟等，2021）。总体来说，这些实验均是通过内部或外部的刺激因素，唤醒了被试的情绪反应，研究者在操纵了被试的情绪之后，都用各种方法检验了操纵的成功性。检验手段包括情绪形容词评定量表、标准情绪量表以及自编的开放式问卷或一般问卷等。这些检测手段表明，在实验室中大部分对情绪的控制都是成功的，即能够得到实验者所需的情绪唤醒。这也为本书的研究提供了理论基础，即情绪是既可以被唤醒也可以被操纵的。

二、行为金融学关于投资者情绪的研究

在20世纪50年代以前，心理学和经济学一直处于分离状态，各自沿着自己的路径发展，在研究范畴方面，两者各自独立。经济学的研究主要建立在经济理性的基础上，在研究过程中，如果碰到非理性或有限理性的行为时，经济学研究学者很少从心理学角度分析问题，认为这些问题属于心理学的研究范畴；心理学在研究人的行为时，也忽视了人具有经济性且其行为具有经济性的特点。20世纪50年代初，传统金融学理论的发展正是始于这样的背景，传统金融学是各种金融学理论发展的基础，它设法使用含有“理性”行为人假设的模型研究金融市场。理性包括两个方面：一方面，行为人获取新信息后，他们便会根据贝叶斯法则正确地更新他们的信念；另一方面，给定信念后，行为人便会在规范的层面做出可接受的选择，在某种意义上，这种选择与萨维奇的主观期望效用一致。传统的范式结构非常简洁，并且若其在数据上的预测能够被证实，则会令人非常满意。令人遗憾的是，经济学家经过多年研究后发现：总体股市（Overall Stock Market）、平均收益截面（Cros Section）、个人交易行为（Individual's Behavior）、规模效应（Size Effect）、季节效应（Seasonality Effect）、价值异象（Value Anomaly）、动量效应（Momentun Effect）、股权溢价之谜（Equity Premium Puzzle）、期权微笑（Option Smile）、红利之谜（Dividend Puzzle）、封闭式基金折价之谜（Close Fund Puzzle）、公告效应（Announcement Based Effect）、首日公开发行异象（IPO Anomaly）等基本事实和金融异象并不能用这种范式解释。

严格来说，传统金融学发端于20世纪50年代，马柯维茨（Markowitz）于1952年提出了投资组合理论，标志着传统金融学的开端，资产组合理论认为，人们在进行投资时，本质是在风险和收益中取舍，因此利用均值—方差

模型分析得出，通过投资组合可以有效降低风险。在资产组合理论的基础上，Sharpe（1969）等提出了资产定价模型。值得一提的是，Fama（1970）提出的有效市场假说成为传统金融学研究领域最核心的假说之一，该假说认为，在有效的资本市场中，股票等金融资产的价格已经包含了一切存在的、新的甚至隐藏的信息，无论个人投资者还是机构投资者都无法打败市场。换句话说，假如市场是有效的，金融资产几乎都是经过准确定价的，此时投资者只需采取“买入—持有”等被动型交易策略即可，无须浪费时间和精力去进行主动性投资。按照 Haugen（1986）关于金融学发展阶段的观点，金融学的发展应该分为旧时代金融（Old Finance）、现代金融学（Modern Finance）和新时代金融学（New Finance）三个阶段。其中，旧时代金融指 1960 年以前还没有建立严谨的研究范式的金融学，主要以金融会计为研究对象，现代金融学又被称为传统金融学，兴起于 20 世纪 60 年代，包括标准金融学、主流金融学等，主要是以资产组合理论与资产定价模型和有效市场假说为核心框架的金融学。新时代金融学是行为金融学和现代主流金融理论共同发展的金融学理论，在近现代金融学发展过程中，行为学和传统金融学的争论促进了金融学理论的发展。

行为金融学是研究金融市场的一种崭新方法。它的出现，在一定程度上是对传统金融学范式遇到的难题的回应。从广义上来说，它认为用非完全理性的行为假设模型能更好地理解一些金融现象。更具体地说，它分析当我们放宽构成个体理性的一个或两个条件时会发生什么情况。行为金融学理论认为，金融投资过程可以被视为一个心理过程，包括对市场的认知过程、情绪过程和意志过程。认知过程容易产生系统性的认知偏差，情绪过程可能导致系统性的情绪偏差，意志过程则既可能受认知偏差的影响，又可能受情绪偏差的影响，这些个体偏差加上金融市场可能的群体偏差或羊群效应，可能导致投资或投资组合决策中的决策偏差，从而出现资产定价的偏差。

作为投资心理行为重要现象的投资者情绪（Investor Sentiment）的相关研究兴起于20世纪80年代，其广泛吸收了心理学、社会学、人类学，尤其是行为决策研究的成果，突破了传统资本市场的理论框架和经济学范式，注重对人的心理、情绪和行为的分析，以一种全新的视角考察证券市场中人的因素对市场的影响，试图揭开证券价格如何形成这一“黑箱”，从而使之成为自20世纪90年代以来金融领域最为活跃的研究领域之一。最早涉及该领域研究的当数Keynes。Keynes（1932）指出，“投资收益日复一日的波动中，显然存在着某种莫名的群体偏激，甚至是一种荒谬的情绪在影响着整个市场的行为”，由此形成了“空中楼阁理论”，即股票的价格不是由价值确定，而是由投资者心理状态决定。随后越来越多的学者开始意识到，应从投资者心理、情绪以及投资者之间的互动和聚变效应视角来研究金融市场中的投资者行为和资产价格形成机制，由此逐渐形成了以投资者情绪为核心的系列概念，如羊群效应（Herd Effect）、从众行为（Conformity）、群体心理（Group Psychology）和模仿传染（Imitation Epidemic）等。De Long等（1990）建立了噪声交易者模型（De Long，Shleifer，Summer and Waldmann，DSSW模型），指出在有限套利的市场中，投资者情绪是影响股票均衡价格的系统因子；Lee等（1991）在DSSW模型的基础上提出了投资者情绪假说（Long-short Term Memory，LST模型），认为投资者情绪可以解释封闭式基金折价之谜；Barberis等（1998）进一步提出BSV（Barberis，Shleffer，Vishny）模型，BSV模型根据投资者心理认知偏差来解释情绪的形成及其对股票价格的影响。随着这些理论模型的出现和使用，关于投资者情绪的研究成为行为金融领域的热点问题之一。

行为金融学将投资者对未来证券市场带有系统偏差的情绪称为投资者情

绪（Investor Sentiment），它反映的是投资者的投资意愿或情绪的市场人气。Baker 和 Stein（2004）将投资者情绪定义为投机的倾向性，表示可以驱动投机性投资的相对需求，或者定义为对证券市场总体乐观或悲观的程度。行为金融理论认为，金融资产价格不仅受基本价值的影响，而且受投资者情绪的影响，即处于不确定性环境中的投资者基于认知偏差形成了错误的信念，这种信念会对资产价格形成产生显著的系统性影响，致使资产价格偏离资产的基本价值。而资产的定价偏差会通过锚定（Anchoring）效应或框架（Framing）效应反过来影响投资者对这种资产的认识与判断，尤其是当各种外在因素与投资者认知、情绪相互影响、相互推动形成同一方向的情绪时，就会导致全部资产的系统性偏差，从而形成一种不断放大的所谓“自发性庞氏骗局”。

但是，上述行为金融理论关于资产价格的研究是基于西方成熟证券市场构建的，没有充分考虑跨个体、跨领域的差异对于投资者决策思维、风险偏好的影响，从而无法真正体现中国具体情境下资产的均衡价格。而在中国社会经济转型的特殊文化、制度背景下，不仅存在投资者盲目跟风、风险偏好等现象，而且投资者普遍具有“暴富心理”“救市情节”这些具有“中国特色”的认知偏差。此外，中国证券市场是由政府主导的制度创新和市场自身发展共同推动的新兴市场，股票资产价格波动除了受宏观经济及各项制度变革的基础性影响外，还受到以货币政策为代表的一系列宏观调控政策和政府针对证券市场政策调整的影响。并且，由于政府宏观政策干预相对频繁，在转型期中国证券市场这一具体情境下研究投资者情绪及其影响机理更具有现实意义和理论价值。

三、投资者情绪的影响

在投资者情绪的存在性以及情绪变化构成资产定价系统性的噪声交易者

风险得到广泛认同之后，学者也转向投资者情绪的影响效应研究。目前，西方学者对投资者情绪影响机理的研究主要采用自下而上（Bottom Up）和自上而下（Top Down）两种框架模式。自下而上的研究模式关注个体投资者的心理偏差（如过度自信、代表性偏差、保守主义）引致错误定价的作用机理，探讨投资者情绪在微观层面形成的问题，即构建投资者心理偏差形成错误信念的模型，通过模型检验这种信念对于资产价格系统性的影响；而自上而下的研究路径重点关注投资者情绪在宏观市场层面对市场收益、个体股票造成的影响，即探讨投资者情绪与有限套利在宏观层面的影响。自下而上的方法从某一具体的心理偏差出发，尽管方便了数学上的处理，但却失去了现实中投资者情绪的多样性，而真实的投资者和市场非常复杂，难以用几个选定的偏差和交易摩擦完全概括。自上而下的方法为探究投资者情绪对股票市场的影响提供了一个新颖而直接的研究视角。综上所述，行为金融学对投资者情绪的影响效应研究主要包括投资者情绪与股票收益、市场波动、CAMP 以及市场异象之间的关系研究。

（一）投资者情绪对股票收益的影响

关于投资者情绪与股票收益之间的关系研究较多，可分为投资者情绪与短期市场收益和长期市场收益之间的关系研究，其中，研究主要集中在前者。由于不同研究所构建的投资者情绪不同，投资者情绪与市场收益之间关系的研究结果有较大差异。投资者情绪与短期市场收益方面：Sayim 和 Rahman（2015）研究发现，投资者情绪与股票收益呈负相关关系，即投资者情绪越高涨，股票未来收益率越低；Nartea 等（2017）对投资者情绪与近期市场收益之间的关系进行了系统研究，发现市场历史收益是情绪的重要影响因素，投资者情绪波动与同期股票收益之间存在显著的相关性，但是无法预测未来预期收益；张强和张宝（2010）研究发现，投资者情绪是影响股票价格的系统因子，股票价格随着投资者情绪波动而波动；于全辉（2009）研究发现，市场收益是投资者情绪的格兰杰原因，只有在牛市时投资者情绪才是市场收益的格兰杰原因。而投资者情绪与长期市场收益之间关系的研究较少，王春等（2019）的研究也证实了这一结论。Hirshleifer 等（2020）则研究发现，投资者情绪与市场长期收益之间不存在相关关系。陈康等（2018）研究发现，空气质量通过影响投资者情绪进而影响股票收益。何诚颖等（2021）研究发现，在套利受限时投资者情绪与股票收益截面负相关。

（二）投资者情绪对市场波动的影响

相较于投资者情绪与股票收益之间关系的研究，投资者情绪与市场波动之间关系的研究则相对较少。学者通过研究普遍认为，投资者情绪越高，资产价格的波动率越大。例如，De Long 等（1990）、Lee 等（2002）均将投资者情绪看作资产价格系统性风险的来源，进而证明投资者情绪的变化会对资产价格的波动率产生影响；Nartea 等（2017）通过实证检验发现，投资者情绪的异常波动会导致封闭性基金收益发生巨大波动；Kadilli（2015）发现，投资者的情绪是其风险偏好的主要影响因素，情绪变化引起的风险偏好参数即使产生微小波动也将使股票价格波动显著。

国内学者主要借鉴国外较为成熟的理论框架和方法检验我国证券市场的情况。张强和杨淑娥（2009）在 DSSW 模型的基础上进行改进，并分别通过 GARCH 模型和广义自回归条件异方差模型（GARCH-in-mean，GARCH-M）实证检验了投资者情绪及其波动与市场收益的关系，发现资产收益波动水平受噪声交易者情绪水平及其波动剧烈程度的影响；王朝晖和李心丹（2013）以好淡指数作为我国投资者情绪指数，运用 GARCH 模型对投资者情绪波动性和股市收益关系进行了实证研究，发现投资者情绪存在 ARCH 效应，且对股市收益具有“溢出效应”；郝军章等（2020）构建了基于投资者异质信念的定价模型，研究发现不同类型的投资者情绪会对市场波动产生不同的影响；李媛和冉齐鸣（2021）构建了衡量个股情绪的 BETA 指数，研究发现个股情绪的高涨与低落和市场超额波动呈正相关关系；谢世清和唐思勋（2021）利用结构化向量自回归模型研究发现，投资者情绪变化在短期内对股票市场波动率产生积极影响。国内的研究主要集中于如何更好地测度市场波动率以及市场波动的影响方面，很少涉及投资者情绪与市场波动之间的相关关系。

（三）投资者情绪对 CAPM 的影响

Sharpe（1969）和 Lintner（1969）在投资组合理论的基础上提出了 CAPM 模型，该模型主要研究证券的预期收益率与风险资产之间的关系，认为市场系统性风险是决定个股收益率的唯一因素，没有考虑投资者心理因素的影响。但是越来越多的研究表明，投资者并不是完全理性的，其交易行为确实受到情绪等心理活动的影响。随着行为金融学研究的迅速发展，学者将投资者情绪因素加入 CAPM 模型，构建了 CCAPM 模型。例如，De Long（1990）首次将投资者情绪引入股票价格决定模型当中，认为投资者情绪是影响股票均衡价格的内在因素。Lee 等（2002）指出，在资产定价过程中应当考虑投资者情绪对资产定价的间接影响，即投资者情绪可能作为定价过程中的系统性风险；Baker 等（2006）采用 Q 比率代表投资者情绪，发现 Q 值越小即投资者越悲观时，投资水平对股价变化就越敏感；Hinojosa 等（2012）证明，理性但缺乏信息的交易者有时会把噪声误认为信息去追逐，从而放大情绪对市场的冲击，使资产价格偏离基础价值。国内学者的相关研究中，韩立岩和伍燕然（2007）曾指出，投资者情绪是影响资产定价的重要因素；朱伟骅和张宗新（2008）认为，投资者情绪与股价变化之间存在动态关系，股价泡沫存在内在持续性，引发市场正反馈效应，从而促使投机性泡沫的生成。

王博（2014）实证检验了基于投资者情绪的资产定价理论模型的合理性，认为其可以提高资产定价效率；史永东和王镇（2015）发现，投资者情绪是股票市场存在动量效应的主要因素。李双琦等（2021）建立了考虑消费与投资者情绪的资产定价模型，研究发现其可以改善 CAPM 模型的定价效率。

（四）基于投资者情绪的金融异象研究

行为金融学能够得到蓬勃的发展，正是因为其成功地解释了众多传统金融理论无法解释的市场异象。Lee 等（1991）分析了投资者情绪与封闭性基金折价的关系，发现投资者情绪极度乐观时，基金会溢价发行，而且投资者情绪变化导致的基金折价水平是时变的，当存续期快结束时，投资者情绪风险逐渐消失，所以折价程度会大幅减少甚至消失，同时他们还发现，小市值股票的收益率变点和基金折价变化呈正相关；Ljungqvist 等（2013）发现，投资者情绪假说可以更好地解释上市公司首次公开发行（IPO）折价现象；Maurizio 和 Zwinkels（2020）研究发现，美国投资者情绪状况与世界各国劳动力市场状况呈正相关关系，负面的投资者情绪可以放大金融危机中的失业情况。

国内学者的相关研究中，黄少安和刘达（2005）发现，投资者情绪理论可以较好地解释我国基金的折价现象；韩立岩和伍燕然（2007）运用不完全理性投资者情绪全面解释了国内市场 IPO 之谜的三大现象（新股短期发行折价、长期定价偏高、火爆的发行市场）；俞红海等（2015）利用投资者情绪与意见分歧解释了中国股市 IPO 之谜；鹿坪和姚海鑫（2016）实证检验了投资者情绪对应计异象的影响，发现情绪越高涨，会计应计错误定价的程度越高；史永东和程航（2019）研究发现，带有投资者情绪信息的条件 CAPM 模型能够显著解释我国股市中的特质波动率之谜；何诚颖等（2021）指出，有限套利是 A 股市场投资者情绪异象的主要原因之一。

第二节 投资者情绪的测度

一、市场情绪的测度

世界首家基于社交媒体 Twitter 的对冲基金 Derwent Capital Markets 创始人 Paul Hawtin 曾说："长期以来，投资者已经充分意识到金融市场主要受到人性的恐惧和贪婪驱使，但我们从未有一种技术或数据来量化人们的情感。"投资者情绪是投资者真实情感的反映，如何合理而有效地选择某些数据指标对其进行测量一直是行为金融学研究的难点之一，也是预测市场运行过程中最为重要的环节。根据现有涉及运用数据代理指标来量化测度投资者情绪的文献，所选择的投资者情绪代理指标可以分为主观指标和客观指标。主观指标在文献中也被称为显性指标，该类指标基本依靠给投资者发放调查问卷或在线测评的途径获得，通过在调查问卷中设定若干能够刻画投资者主观情绪的特定问题，如对未来股市大盘走势的判断，对投资者有无信心等，然后把投资者给出的答案进行归纳统计，用最终的统计结果来大体表示投资者情绪，如 Lemmon 和 Portniaguina（2006）、Nartea 等（2017）分别利用统计得到的投资者智能指数和 CCI 作为投资者情绪的代理指标；王美今和孙建军（2004）利用央视看盘指数和好淡指数来衡量投资者情绪。采用主观指标虽然在很大程度上能够直接获取投资者的真实情绪反应，但其有效性仍然受到质疑。例如，Fisher 和 Statman（2000）发现，投资者在实际的投资行动中可能并非按照之前的情绪暗示进行投资，而在 2011 年，美国印第安纳州的一项研究表明，传统的调查问卷分析得到的投资者情绪数据一般为股票市场的滞后指标，因此依赖传统的调查问卷方式获得的数据可能无法用来预测股票市场的涨跌变化。相应地，投资者情绪的另一类代理指标是客观指标，也被称为隐性指标，该类指标主要根据股票市场已经公布的各种交易信息统计指标来表示投资者情绪，如 De Long 等（1990）、Lee 等（1991）、Neal 和 Wheatley（1998）、韩立岩和伍燕然（2007）等利用封闭基金折价率，Baker 和 Stein（2004）利用股票交易量来表示投资者情绪等。此外，学者还用新股开户数、红利溢价率（Dividend Premium）、共同基金净买入、SAD（Seasonal Affective Disorder）、共同基金净赎回、股票发行/债券发行比例、共同基金流量、认沽认购比率（PCR）、波动性指标（VIX）、新高新低指标、内幕交易、腾落指标、足球比赛结果等作为单一情绪指标来预测市场的波动和收益。选取客观指标作为投资者情绪代理指标的优势在于，其反映了投资者情绪的真实交易活动，但也存在这类指标能够在多大程度上反映投资者情绪的问题。投资者情绪不仅受到投资者自身特有心理因素的影响，而且受到国内外宏观经济周期变化的影响。一般来说，在经济繁荣期，企业经营业绩较好，职工工资收入高，人们手中资金较为充裕，对投资的需求旺盛，对于未来充满信心和希望，投资者情绪相对高涨；而经济低谷期，人们对未来比较悲观，投资者情绪则相应低落。因此研究得出，在单一投资者情绪指标中，因为替代变量既包含情绪因素又涉及其他非情绪因素，如经济周期等，所以单一情绪指标受其他非情绪因素的干扰较强，无法准确衡量投资者情绪的高涨低落和变化情况。这里需要说明的是，在“中小盘”股票市场中，情绪受到宏观经济因素的影响相对较少，甚至总是出现与宏观经济走势背离的情况。

为了减少单一情绪指标中非情绪因素对于情绪指标的影响，学者通过复合情绪指标并运用统计方法提取各个单一情绪指标中的共同情绪因素，从而能够更好地衡量投资者情绪变化对于资本市场的影响。Baker 和 Wurgler（2006）利用封闭式基金折价率、市场换手率、IPO 首日回报率均值、IPO 数量、新股发行量和股利溢价六种指标综合构造投资者情绪综合指数，该指数较好地削弱了非情绪因素对情绪指标的干扰。在 Baker 和 Wurgler 的研究基础上，易志高等（2010）运用主成分分析将封闭式基金折价率、市场交易量、IPO 数量、上市首日收益、消费者信心指数和新增投资者开户数六个指标构建出综合指数，以更好地测度中国股票市场的投资者情绪。刘学文（2019）认为，投资者情绪单项测度指标众多，部分指标在选用时具有主观随意性，利用倒金字塔滤网模型对情绪测度指标进行优选和淘汰，最终选出六个最为显著的测度指标：封闭基金折价率、上证指数收益率、新增开户数、IPO 流通股数加权的平均收益率、CPI 指数、换手率一阶差分，并将其作为构建复合情绪指数的基础指标。中国证券市场作为典型“政策市”的新兴市场，投资者情绪受中国金融制度、结构以及转型期等因素的显著影响，所以在利用复合情绪指标构建投资者情绪时必须考虑中国实际的替代指标，如显著有别于西方成熟证券市场的新增开户数。并且，大小非减持、涨跌幅限制、宏观政策不确定性这些因素作用于中国证券市场将会导致投资者情绪变动更加剧烈和频繁，因此，在构建复合情绪指标时，时间频率可以用周或者月度指标，而非西方成熟市场的年度指标。在构建复合情绪指标的过程中，国外学者基本使用第一主成分分析法，但这可能会造成数据的失真，所以在使用主成分分析方法时应尽可能包含更多的信息量，以保证数据较少失真。

进入互联网时代，投资者越来越倾向于在股票网络论坛上表达自己对股票或股市的看法和情绪（段江娇等，2017）。Ettredge 等（2005）最早提出网络搜索数据对经济统计研究具有重要的价值；Irresberger（2015）利用谷歌搜索引擎收集了代表投资者危机心理的网络数据；Da 等（2011）利用互联网数据反映投资者心理状态，成功预测了2004~2011年股市收益率的波动。国内学者的相关研究中，陆慧玲等（2019）研究了微博看涨指数、百度看涨指数与上证综指收益率之间的相互影响关系；杨超等（2019）研究发现，通过网络搜索量数据可以判断交易者对经济现状和未来走向的看法及期待，从而对短期内人民币汇率的走势进行预测；朱孟楠等（2020）以东方财富股吧论坛作为互联网信息交互网络的研究载体，深入探讨了互联网信息交互网络对股价崩盘风险的影响。综上所述，基于互联网的匿名性和便捷性，互联网搜索数据更能及时体现投资者心理及行为趋势，有助于深入挖掘市场与主体之间的内在联动性。

二、机构和个人投资者情绪的测度

现有研究大多混淆了整体市场情绪、机构投资者情绪和个体（散户）投资者情绪的区别，所得出的研究结论在横向上不具备可比性。例如，探讨投资者情绪对股票收益的影响时，有些文献将投资者情绪视为市场整体情绪，有些则视为机构投资者情绪，还有些视为个体投资者情绪，由于市场整体与不同的投资者群体存在明显的区别，在指标度量上需要进一步细分考量。

（一）常见的机构投资者情绪测量指标

1. 常见的国外机构投资者情绪测量指标

（1）投资者智能指数（Ⅱ指数）。投资者智能指数是由Chartcraft公司编制的，在超过130家报纸刊登，并由经济学家、市场顾问、知名评论人士反馈的多空调查数据，参与调查的人员大都曾出版或发表过出版物和著名的独立评论意见，并将看涨比例与看跌比例之差定义为乐观或悲观情绪。Ⅱ指数常与许多其他有效指标一起作为一种评价组合以预测公司股票的潜在回报，该指数也曾被用于学术研究。

（2）好友指数。好友指数是美国哈达迪（HADADY）公司所设计的于每周二收市后公布的调查结果。通过统计全国主要报刊、基金公司及投资机构等每周的买进卖出建议，依据-3~3的分值评价市场趋势，再根据报刊的销量对分值进行加权并转换为相应的证券的情绪指数（介于0~100），并建议在30~70进行交易。

（3）华尔街分析家情绪指数。美林证券公司从1985年开始统计华尔街各个卖方分析师的荐股数据，并以这些分析师推荐投资的股票占其投资组合的比例来衡量分析师对市场走势的态度。该指标常被看作基金或证券公司的投资者情绪替代变量，并且常被学术界用于测度市场的乐观态度。

（4）S&P500净头寸变化（SPX）。美国商品期货交易委员会（CETC）按照交易者类型公布持有S&P500期货净头寸的变化量。其中，非商业交易者（市场专业人士）的头寸变化代表机构投资者情绪，而小交易者的头寸变化代表个体投资者情绪。

2. 常见的国内机构投资者情绪测量指标

（1）央视看盘指数。央视看盘指数是由中央电视台财经频道编制，从2001年4月16日开始先后发布机构看盘的日/周数据，基于证券公司和咨询机构每天/周一开盘前发布的对本周股票看涨、看跌及看平预测得到，后期又加入了反映个体投资情绪的个人看盘指数。王美今和孙建军（2004）根据央视看盘指数构造出BSI（Bullish Sentiment Index）指标，同时研究发现，沪深两市中投资者情绪变化不仅能显著影响收益，而且能显著反向修正收益波动，并通过风险奖励影响收益，这表明沪深两市具有较为相同的投资者行为和风险收益特征，投资者情绪是一个影响收益的系统性因子。

（2）好淡指数。好淡指数是由《股市动态分析》自1997年10月24日起每周对来自不同区域和行业的投资者就未来股市的多空意见进行调查得出的，主要反映机构投资者的情绪。调查对象由50人组成，以证券从业人员为主，涉及不同行业不同资金规模的市场参与者。指数分为短期中期两种。短期指数是每周走势的预期。中期指数是对1~3个月走势的趋势性预测。两个指标均为0~100。数值越大表示越多的人看好后市；反之表示越多的人看淡后市。

（3）机构开户数量。开户数量可以很好地反映场外投资者进入市场参与交易的热情程度，在市场火热时，投资者情绪被点燃，新增开户数大增；当市场低迷时，投资者观望情绪浓厚，新增开户数锐减，甚至出现投资者销户开始离开市场的现象，在情绪的最高点和最低点，新增开户数有数百倍的差距，这种现象不只出现在个人投资者，机构投资者同样如此，这也反映了中国股票市场的不成熟。在现有研究中，学者们常用投资者新增开户数作为投资者的心理变量统计指标，张强等（2009）、韩立岩和伍燕然（2007）、刘学文（2019）等均用它作为投资者情绪的测量指标，因为该指标很好地反映了投资者的交易需求和心理状态。

（4）基金仓位指标。股票型基金仓位是指基金在当下的持仓比例，股票型基金仓位可以很好地反映机构投资者（尤其是公募基金的机构投资者）对当下和未来一段时期市场的看法及判断，基金仓位高，表明机构投资者对未来市场乐观；基金仓位低，表明机构投资者对未来市场不乐观或者悲观，因此，该指标能很好地描绘机构投资者的行为主观取向。张宗新和王海亮（2013）将基金仓位用作衡量机构投资者的信念。

（二）常用的个人投资者情绪测量指标

1. 零股买卖比例

零股买卖比例指标主要用来度量小投资者情绪的状况，若指标上升（下降），则说明投资者情绪悲观（乐观）。该指数在20世纪70年代后期以前被称为最可靠的技术分析指标，此后看涨期权的出现，为看空后市的激进个体投资者提供了一个更为有效的交易机制。学者研究发现，零股买卖指数能够较好地反映个人投资者的情绪，且对小盘股、价值股、低价股、低机构股收益的影响较大（Kumar and Lee，2006；张晶，2018）。

2. 个体投资者协会指数

个体投资者协会指数是由美国个体投资者协会自 1987 年 7 月以来每月通过问卷方式调查其会员的情绪得来的。调查的内容是，要求参与者对未来 6 个月的行情进行判断，基于其看涨或看跌比例编制而成。由于调查主要针对个人，主要反映的是个体投资者情绪的变化。Sayim 和 Rahman（2015）将该指数作为情绪指标，通过回归检验发现，该指数可以有效地反映投资者情绪的变化，是预测 S&P500 未来收益的反向指标。

3. 个人开户数量和个人买单数量

与机构开户数量常被用来测量机构投资者情绪类似，个人开户数量也经常被用来测度个人投资者情绪。除此之外，个人每日的净买入成交额、个人的净买单数等指标也能够很好地反映当前个人投资者的情绪。Barberis 等（1998）利用股市中买盘和卖盘的量作为投资者情绪代理变量，其中，用中小单的量作为个人投资者情绪代理变量。对于个人新增开户数指标来说，国内学者的相关研究中，韩立岩和伍燕然（2007）、张强等（2009）、刘学文（2019）都用它衡量市场情绪水平，并且收到了良好的效果。

4. 消费者信心指数

消费者信心指数常被用来衡量公众对于目前和未来经济的信心程度，在经济高涨期，宏观经济状况较好，各公司经营业绩普遍较好，相应地，作为经济晴雨表的股票市场当然会将这一点反映出来。在美国，主要有两个机构编制消费者信心指数，一个是密歇根大学消费者信心指数（UMCCI），另一个是会议委员会消费者信心指数（CBCCI）。张国胜和林宇（2021）认为，消费者信心指数代表消费者购买商品和服务的意愿及信心，可以很好地反映投资者情绪。

5. 封闭式基金折价率（DCEF）

在测度投资者情绪的指标中，封闭式基金折价率是学者们最先使用的单一情绪测度指标。封闭式基金折价率是指封闭式基金市价相对单位净值的折价水平，一般来说，折价率上升，意味着投资者情绪低落；折价率下降，意味着投资者情绪高涨。Zweig（1973）较早发现封闭式基金折价率可用来度量投资者情绪，并利用该指标预测道琼斯指数。De Long 等（1990）研究发现，封闭式基金折价率可反映噪声交易者情绪的变化。Neal 和 Wheatley（1998）研究发现，封闭式基金折价率可以反映个体投资者情绪，且与低机构持有股、小盘股收益变动正相关。Thaler（2018）分析了投资者情绪与封闭式基金折价的关系，研究发现，投资者情绪乐观时，基金会溢价发行，同时，个人投资者偏爱的小市值股票的收益率和基金折价变化呈正相关。国内学者的相关研究中，张琦和李仁贵（2017）发现，封闭基金折价率是由投资者情绪造成的，且折价幅度远超美国等发达股票市场，这种折价主要由个人投资者情绪导致的。

三、危机情绪的测度

心理学研究证明，在情景具有不定性时，从众行为随情境不确定性的增强而增强（Rentfrow and Gosling，2006；Haun and Tomasello，2011），尤其在市场危机时期，不确定性和不稳定性上升，投资者从众心理增强，极易形成一致性的危机心理，加速流动性蒸发，进而引发更为严重的市场危机（King and Wadhwani，1994；Brunnermeier et al.，2017；乔海曙和杨蕾，2016；徐飞等，2019）。如何准确测量市场危机情绪是研究的基础。Irresberger（2015）利用谷歌搜索引擎收集了代表投资者危机心理的网络数据；裘江南等（2018）以沪深300指数中60只股票作为样本，利用爬虫技术获取相关企业新浪微博文本并提取各类细分情绪，发现以“怒”为代表的负面高唤醒情绪会恶化市场认知进而加重危机的影响；郭霖麟（2019）利用百度搜索指数构建了危机情绪指数，发现危机情绪是影响银行股收益率的重要因素；唐雪梅和赖胜强（2020）以网民对事件的评论内容为样本，研究了网络舆情危机事件中网民情绪传播的影响机理。总体来说，互联网数据记录了投资者的微观心理信息和搜索关注，为研究提供了海量的数据基础。本书认为，投资者危机情绪具有高度的灵活性和可变性，尤其在市场异常波动时期，与传统的问卷访谈法相比，基于网络大数据技术收集危机情绪的方法更具有及时性和完整性。

第三节　政策干预的相关理论

一、政策干预的内涵及方式

市场危机时刻政府采用非市场化的手段干预市场历来是学者关注的热点。学者梳理总结了金融危机中各国政府的干预救市政策，将其分为四类：流动性政策、货币政策、财政政策和金融体系改革政策。具体来说，常见的间接性干预手段包括货币宽松、减税、担保、国有化、增加财政投资等；直接性手段包括通过中央银行为市场注资、紧急贷款、购买问题资产、限制卖空交易、暂停交易等（Su et al. , 2002; Duchin and Sosyura, 2014; McAndrews et al. , 2017; 黄瑜琴等，2018; 李志生等，2019）。

二、政策干预的争议与发展

尽管政府的干预行为越来越普遍，但已有研究对政府在应对金融市场危机中的角色和政府救市政策的市场效应的评价褒贬不一。

主张危机时期政府应主动干预救市的理论研究可追溯至“大萧条”时期的凯恩斯学派。该学派认为，在经济发生危机时，仅靠市场自身的反馈调节机制可能无法维护市场的稳定，政府应主动干预经济。随后学者们从多种角度讨论了政府干预的必要性。Bernanke（1983）认为，政府救市能够增强金融中介的有效性，避免股市中的巨大风险通过金融机构放大到实体经济中；Su 等（2002）研究表明，政府的注资行为能够推动股票价格上涨，缓解市场风险；央行前行长周小川认为，为了防范危机的蔓延，必要时公共部门应及时参与救助，中央银行在危机处理和救助中可以发挥独特的作用（周小川，2012）；Brunnermeier 等（2017）认为，政府直接与噪声交易者进行交易可以为市场提供流动性，能够起到稳定市场的作用；黄瑜琴等（2018）研究发现，限制股指期货政策在短期内显著降低了股票现货市场的波动率，避免了市场踩踏的进一步升级；王少平和赵钊（2019）对 2015 年政府护盘行为进行了反事实仿真分析，结果显示护盘干预产生了托底效应，减弱了市场波动，降低了系统性风险。

反对政府干预救市的代表性观点认为，一方面，政府干预会降低市场的效率。Easley 和 O'Hara（1992）指出，政府干预下知情交易者可能会增加其他投资者的逆向选择成本；Boulton 和 Braga-Alves（2010）研究发现，危机时期政府限制卖空在短期内对稳定资产价格起到了积极作用，但也对市场流动性产生了负面影响，降低了市场定价效率；Frino 等（2011）也发现，限制卖空会导致市场效率下降、买卖价差扩大以及交易活动减少等问题；Brunnermeier 等（2017）指出，投资者可能对政府的交易行为进行投机，从而忽略公司的基本面信息，导致市场定价效率降低；Barbon 和 Gianinazzi（2018）研究指出，日本央行干预市场的行为在一定程度上导致了公司层面和行业层面的价格扭曲；李志生等（2019）研究认为，政府买入式干预在一定程度上损害了市场质量，增加了市场的交易成本。另一方面，政府干预会引发道德风险。Aizenman（2009）指出，当投资者认为政府一定会救市时，投资者会提高风险偏好水平，引发市场道德风险；郑晖（2008）指出，政府救助大型金融机构会造成对中小银行的不平等待遇，扭曲银行的资金价格信号，加大银行、债权人以及监管层的道德风险；朱民和边卫红（2009）指出，危机时政府对高风险偏好的金融机构进行救助会导致道德风险；吕江林和王庆皓（2011）研究发现，对金融机构的救助会姑息和纵容金融机构的过度冒险行为，滋生金融机构的道德风险问题；李剑阁（2016）指出，监管者带着监管对象救市，可能会导致“老鼠仓”和利益输送等犯罪行为的出现；段世德和王跃生（2020）认为，美国应对次贷危机和新冠肺炎疫情的干预措施虽能暂时稳定金融市场，但却使经济更加虚拟化。

无论学术如何争论，一旦市场发生危机，各国政府主动干预市场的现象将越来越常见。在 2015～2016 年股灾期间、2018～2019 年股市异常波动期间、2020 年新冠肺炎疫情期间，中国政府亦是频频出手干预，直接参与市场交易买入金额超过万亿元人民币。国内学者对危机时期政府干预的研究主要集中在买入式干预对市场的影响。张新红和叶诚略（2012）研究表明，相对于货币政策、财政政策等调控手段，政府直接注入资金的政策效应最为显著；贺立龙等（2017）针对政府买入式干预，分别运用 ARCH 模型和事件分析法检验了股市危机期间政府买入式干预市场的效果，结果表明政府干预效果有限；李志生等（2019）对危机时期监管部门买入行为与尾部系统风险的关系进行了全面系统的研究，研究结果表明，监管部门的买入行为有效降低了市场的尾部系统风险，且更多表现在对左尾系统风险的影响上。

三、政策干预对投资者心理的影响

许多学者、官员以及市场参与者认为，在2008年美国次贷危机、2009年希腊欧债危机中，投资者的非理性是危机进一步深化的重要原因。美联储前主席格林斯潘在对次贷危机反思中指出，动物精神的强大驱动力是危机产生的重要原因；刘鹤（2013）认为，人类自我膨胀的说服力量和缺乏理性是危机产生的重要原因。心理学研究证明，在情境具有不确定性时，从众行为随情境不确定性的增强而增强（Rentfrow and Gosling，2006；Haun and Tomasello，2011），尤其在市场危机时期，不确定性和不稳定性上升，投资者从众心理增强，极易形成一致性的下跌情绪，加速流动性蒸发，进而引发更为严重的市场危机（Blanchard and Watson，1982），因此，稳定市场的关键是稳定市场情绪。次贷危机以后，学者越来越关注危机中政府干预对市场情绪的影响。Cooper 和 Willis（2010）分析了美国金融危机中情绪的作用，指出政府应该动用一切工具来制止情绪的崩溃；Schweikhard 和 Tsesmelidakis（2011）发现，在金融危机中存在“大而不能倒”的政府担保情绪，影响了金融机构股票的收益率，但在非金融企业中不存在这种情绪；Anginer 等（2014）研究发现，在金融危机中，大型银行业金融机构股票收益率更容易受到政府隐性支持情绪的影响；Gandhi 和 Lustig（2015）发现，在金融危机中，由于市场存在政府担保的情绪，影响了银行股票的收益率，且大型银行更容易受到影响（Oliveira et al.，2014）；Irresberger（2015）研究发现，次贷危机中没有政府救助情绪的股票，其收益率更容易受到投资者心理因素的影响。

中国资本市场发展历史较短，与国外金融危机周期性频发多有不同，但国内学者针对危机期间政府干预对投资者心理的影响进行了多角度的研究，为这一领域的发展作出了贡献。曾欣（2003）提出，政府干预市场会改变投资者情绪；孙昌群（2003）认为，政府干预会导致投资者产生适应性情绪，并由此调整投资策略；江世银（2005）对资本市场心理预期进行了系统的理论研究，认为政府可以引导和改变资本市场情绪；王晓博等（2018）研究发现，危机期间政府的担保行为可能会强化市场主体对于政府担保的情绪；徐飞等（2019）研究认为，投资者理性情绪可能会增加股价崩盘传染风险，适当的金融管制在危机时期可以起到防御股价崩盘传染的作用；王琳等（2020）基于德格鲁特模型对央行情绪管理进行了模拟分析，研究发现，提高央行的透明度有助于加快社会情绪达成共识的速度。

第三章　中国资本市场危机情绪测度指数构建

本章在结合前文理论分析以及充分考虑国内现实情况的基础上，根据研究目的分别构建市场危机情绪指数、个股危机情绪指数、机构和个人危机情绪指数。具体思路为，第一步，情绪测度指标的选取。参考现有研究，以传统情绪指标和互联网大数据指标两种方式拟合危机情绪指标；第二步，利用主成分分析法提取上述指标危机情绪的共同成分，作为衡量中国投资者危机预期测度指数；第三步，对所构建的危机情绪指数进行检验。

第一节　情绪测度指标选取

一、互联网大数据指标

互联网数据记录了投资者的微观心理信息和搜索关注，为研究提供了海量的数据基础。本书认为，投资者情绪具有高度的灵活性和可变性，尤其在市场异常波动时期，与传统的问卷访谈法相比，基于网络大数据技术收集投资者情绪的方法更具有及时性和完整性。

（一）股吧投资者情绪指数

在构建股吧投资者情绪指数时，本书思路为，首先，利用网络爬虫技术获取东方财富股吧论坛（国内财经网站，日均访问用户超 3000 万）投资者交流的网络文本数据；其次，以 LDA 模型对文本数据进行主题提取，利用机器学习算法对投资者“看跌”“看涨”的情绪倾向进行分类；最后，用分类的情感值和量化后的特征词权重构建股吧投资者情绪指数。具体思路如下：

第一，利用 Python 爬虫软件。以东方财富财经评论吧（股吧）的热帖页面为入口页面，爬取的基本信息包括页面信息、帖子标题、发表时间、评论量、阅读量、评论内容等。将爬取的信息按照日期进行存储，形成一定规模的股吧网络文本数据库。

第二，文本数据处理。将初始的股吧评论文本数据进行数据清理和标准化处理，利用向量空间模型将文本数据向量化：首先，设网络文本为 Q（k_1D_1，k_2D_2，…，k_iD_i），D_i 为文本 Q 的特征词，k_i 为特征词权重，利用信息增益算法确定每个文本的特征值并用向量夹角的余弦值表示文本 Q 之间的相似度；其次，利用 LDA 主题提取模型从文本数据集中抽取出表示投资者情绪强度的主题信息并以简化文本表示；最后，利用机器学习分类技术计算文本数据的情绪倾向值。

第三，股吧投资者情绪指数构建。用每条主题的“涨跌”情绪倾向值与特征词权重之和的乘积表示该文本的情绪值，再将所有文本的情绪值求和即为该日股吧投资者情绪值。按照下列公式构建情绪指数：

$$\mathrm{Estock}=\sum_{m=1}^{M}\left(\mathrm{sent}_m\sum_{k=1}^{K}\mathrm{Temperature}(T_{mk})\right) \tag{3-1}$$

其中，M= {1，2，…，M} 表示股吧每日的文本评论主题个数，sent_m 表示第 M 个主题的“涨跌”情绪值，$\sum_{k=1}^{K}\mathrm{Temperature}(T_{ck})$ 表示 M 个主题中特征词权重之和。

利用 TF-IDF 模型计算每个特征词的权重，设 TF_{ij} 为特征词 D_i 在文档 Q_i 中的频率，IDF_i 为特征词 D_i 在文档 Q_i 中的逆文本频率，n_i 为 D_i 的训练样本数，则特征值的权重计算公式为：

$$\mathrm{Temperature}(T_{ck})=TF_{ij}\times IDF_i=(\log(\mathrm{freq}_{ij})+1)\times\log(n/n_i) \tag{3-2}$$

综上，股吧投资者情绪指数可表示为：

$$\mathrm{Estock}=\sum_{m=1}^{M}\left(\mathrm{sent}_m\sum_{k=1}^{K}(\log(\mathrm{freq}_{ij})+1)\times\log(n/n_i)\right) \tag{3-3}$$

（二）百度搜索指数

百度搜索指数计算方法是以网民在百度的搜索量为数据基础，搜索指数分为 PC 端搜索指数和移动端搜索指数。本书选用的搜索指数是加权计算了 PC 端搜索指数和移动端搜索指数的整体趋势指数。在筛选词条时，剔除诸如“金融崩盘”“股市危机”“经济崩盘”等百度并未收录的词语。最终以“金融危机”“经济危机”“银行倒闭”“股市崩盘”四个词条的百度搜索指数作为市场危机情绪（Ebaidu）的代理指标，为消除不同指标间量纲的差异，将上述关键词的原始数据进行标准化处理。

二、传统情绪测度指标

根据上文对中国机构投资者和个人投资者的介绍，结合中国股票市场的具体情境和研究数据的可获得性，本书将选取更加符合中国机构投资者和个人投资者特点的传统情绪指标。其中，机构投资者情绪指数测量指标选择上证基金指数收益差值（SFD）、IPO 网下中签率（ISP）、股票型基金仓位（FPN）、新增机构开户数（NSAC）和股票市场交易每日资金 100 万元以上大单净流入（LNS）；个人投资者情绪指数测量指标选择 IPO 网上中签率（ILW）、封闭基金折价率（DCEF）、新增个人开户数（NPAC）、股票市场交易每日资金 10 万元以下小单净流入（SNS）和消费者信心指数（ICC）。

（一）机构投资者情绪指标介绍

1. 上证基金指数收益差值（SFD）

为了反映上海证券交易所内基金的综合变动情况，2000 年 4 月 26 日，上海证券交易所编制并发布了上证基金指数（代码 000011），并于 2000 年 6 月 9 日正式发布。上证基金指数采用指数化方式，以发行的基金单位总份额为权数，基金基期基点为 1000，样本选择标准为上证交易所内所有证券投资基金，利用派许指数公式计算：

$$\text{上证基金指数}=(\text{报告期基金的总市值}/\text{基期})\times\text{基日指数} \tag{3-4}$$

$$\text{基金的总市值}=\sum(\text{基金市值}\times\text{基金单位总份额}) \tag{3-5}$$

本书认为，上证基金指数涵盖了上证交易所内所有的证券投资基金，充分反映了基金的综合表现情况，而且基金是机构投资者中重要的组成部分，该指标可以很好地反映基金管理人对当下市场的判断和操作。本书将上证基金指数的收益率与上证综指的收益差值作为衡量机构投资者情绪的变量指标；差值为正，表明机构投资者的情绪高涨，差值为负，表明机构投资者的情绪悲观。上证基金指数收益差值计算公式如下：

$$SFD=\text{上证基金指数周收益率}-\text{上证综指周收益率} \tag{3-6}$$

其中，上证基金指数数据来自东方财富 Choice 数据库，上证综指数据来自 Wind 数据库，对这两个指标进行整理，获得以周为单位的收益率。

2. IPO 网下中签率（ISP）

IPO 网下中签率即 IPO 网下申购倍数的倒数，是指股票网下发行数量占有效申股数的比例，我国股票采取网上定价和网下询价相结合的发行方式，网下询价是指面向特定的机构投资者以询价的方式确定股票发行价格，因为只有具有询价资格的机构投资者参与，所以网下中签率反映了机构投资者对股票的追捧程度，中签率越低，表明机构投资者的申购热情越高，另外，一级市场上的供给无法满足机构投资者需求和热情，机构投资者会将这种情绪带到二级市场上。指标的计算公式为：

ISP＝网下有效申购总数/网下配售总量　　(3-7)

可以从上海证券交易所网站、深圳证券交易所网站和中国证券登记结算统计年鉴获取所有新股上市的数据。

3. 股票型基金仓位（FPN）

股票型基金仓位是指基金在当下的持仓比例，股票型基金仓位可以很好地反映机构投资者（尤其是公募基金的机构投资者）对当下和未来一段时期市场的看法和判断，基金仓位高，表明机构投资者对未来市场比较乐观；基金仓位低，表明机构投资者对未来市场不乐观或者悲观，因此，该指标能很好地描绘机构投资者的行为主观取向。也正是因为这个指标可以很好地观测机构投资者的态度，近年来受到越来越多的关注，国内外学者开始将该指标作为衡量机构投资者情绪的变量。张宗新和王海亮（2013）用基金仓位来衡量机构投资者的信念。另外，目前国内券商如国信证券研究所、民生证券研究所和银河基金研究中心开始跟踪研究该指标。因此，本书将该指标用于衡量机构投资者情绪，指标的数据来自《中国证券报》，该报每周末在基金专版公布该数据。

4. 新增机构开户数（NSAC）

由于新增开户数可以很好地反映国内股票市场场外投资者进入市场参与交易的热情程度，当市场火热时，投资者情绪被点燃，新增开户数大增；当市场低迷时，投资者观望情绪浓厚，新增开户数锐减，甚至出现投资者销户开始离开市场的现象，在情绪的最高点和最低点，新增开户数有数百倍的差距，这也反映了中国股票市场的不成熟。在现有研究中，国内学者常用投资者新增开户数作为投资者的心理变量统计指标，刘学文（2019）、张强和杨淑娥（2009）、韩立岩和伍燕然（2007）等均用它作为投资者情绪的测量指标，由于该指标很好地反映了投资者的交易需求和心理状态，本书选择新增机构开户数作为机构投资者情绪的测量指标。在现实投资中，机构投资者也存在羊群效应，市场回暖时，开户增多；市场冷淡时，开户减少，群体效应明显。该数据由笔者根据中国证券登记结算统计年鉴和 Wind 数据库相关数据整理而得。

5. 股票市场交易每日资金 100 万元以上大单净流入（LNS）

股票市场交易每日资金 100 万元以上大单净流入是指，在每日的股票市场交易中，超过 100 万元每单的资金买入额减去超过 100 万元每单资金的卖出额，由于中小投资者受资金量的限制。本书认为，一般每单在 100 万元以上的交易是机构投资者才能进行的交易，因此，每日资金的净流入反映了当日机构投资者对市场的看法与态度，该指标数值越大，说明机构资金流入市场越多，反映机构投资者至少在当期内看好市场走势；该指标较小或者为负时，说明当日机构投资者的资金是净流出状态，反映机构投资者至少当期不乐观的情绪，因此，本书选择该指标作为机构投资者的情绪指标，数据来自 CSMAR 数据库。

（二）个人投资者情绪指标介绍

1. IPO 网上中签率（ILW）

IPO 网上中签率是指 IPO 网上发行有效申购的比例，是申购倍数的倒数，与网下中签率相对，由于我国证监会的规定和个人投资者资金数量的限制，个人投资者一般不能参与网下申购，更多的是通过网上申购参与新股发行活动，与 IPO 网下中签率相似，该指标可以很好地衡量个人投资者对股票的追捧程度和热情，中签率越低表明投资者申购越热情，因此，本书选择该指标作为衡量个人投资者情绪的测量指标，其计算公式为：

ILW＝网上发行总量/网上有效申购总数　　　　(3-8)

可以从上海证券交易所、深圳证券交易所网站和中国证券登记结算统计年鉴获取所有新股上市的数据。

2. 封闭式基金折价率（DCEF）

根据有效市场理论，资产价格是内生于其基本价值的，价格的变化应反映基本面的变化，因此，封闭式基金价格应与其单位净资产的股票组合价值相一致，然而现实中，封闭式基金往往折价发行。之前学者研究表明，投资者情绪可以很好地解释封闭式基金折价之谜，因此，封闭式基金折价率最早被用作投资者情绪的替代指标。封闭式基金折价率的高低反映的是投资者情绪的变化情况，折价率下降，说明投资者情绪趋于乐观，反之则趋于悲观。Thaler（2018）分析了投资者情绪与封闭性基金折价的关系，发现投资者情绪极度乐观时，基金会溢价发行，而且投资者情绪的变化所导致的基金折价水平是时变的，同时发现，小市值股票的收益率变点和基金折价变化呈正相关，而个人投资者更加偏好小市值股票；Lesmond 和 Nishiotis（2016）研究认为，封闭式基金折价率可以作为反映个体投资者情绪的指标，而且其与低机构持有股、小盘股收益变动正相关；国内学者的相关研究中，张琦和李仁贵（2017）发现，封闭基金折价率是由投资者情绪造成的，且我国的折价幅度远超美国等发达股票市场，除此之外他们认为，这种折价主要是由个人投资者所主导的。另外，由于封闭式基金封闭期不能赎回的性质，不适合机构投资者配置，其配置对象主要是个人投资者，因此，本书选取传统的封闭式基金作为个人投资者情绪的测量指标，其计算公式为：

$$DCEF_t = \sum_{i=1}^{n}[(P_{it} - NAV_{it}) \div NAV_{it} \times N_i] \div \left(\sum_{i=1}^{n} N_i \times NAV_{it}\right) \quad (3-9)$$

其中，n 为市场当期公开发行的封闭式基金数量，P_i 为基金周交易日的收盘价，NAV_i 为周交易日的基金净值，N_i 为基金的份额。该数据来自中国经济金融数据（CCER），本书选取的是 1998 年至今所有封闭式基金折价率的数据。

3. 新增个人开户数（NPAC）

正如前文所述，新增开户数可以很好地反映场外投资者进入市场参与交易的热情程度，与新增机构开户数相对应，本书选择新增个人开户数作为个人投资者情绪的测量指标，该数据由笔者根据中国证券登记结算统计年鉴和 Wind 数据库相关数据整理而得。

4. 股票市场交易每日资金 10 万元以下小单净流入（SNS）

股票市场交易每日资金 10 万元以下小单净流入是指，在每日的股票市场交易中，不超过 10 万元每单的资金买入额减去不超过 10 万元每单资金的卖出额，该指标数值越大，说明个人资金流入市场越多，个人投资者情绪越乐观；该指标较小或者为负，说明当日个人投资者的资金是净流出状态，表明个人投资者情绪低落。根据中国证券登记结算公司的数据，我国股票市场 10 万元以下的账户占比超九成以上，考虑到我国中小投资者的资金规模，本书选择股票市场交易每日资金 10 万元以下小单净流入作为个人投资者的情绪测度指标，该数据来自 CSMAR（国泰君安）数据库。

5. 消费者信心指数（CCI）

中国消费者信心指数由国家统计局于 1997 年 12 月开始编制，是反映消费者信心强弱的指标，包括消费者情绪指数和消费者满意指数，综合反映消费者对当前经济形势的评价和对经济前景、收入水平、收入情绪以及消费心理状态的主观感受，是预测经济走势和消费趋向的一个先行指标，是监测经济周期变化不可缺少的依据。中国消费者信心指数的取值在 0~200，100 是中值，表明消费者的信心（情绪）是一种中立态度，100 以上为信心较足（情绪乐观），100 以下为信心不足（情绪悲观）。

由于国家统计局在 2009 年 11 月以新的基准进行重新统计换算，为了实现消费者信心指数数据的连续性，本书亦按照新基准以 1996 年 6 月的消费者信心指数为换算标准对 2009 年 11 月以前的数据进行换算，2009 年 11 月后的数据均以新基准形成，故不需要更改处理。其中，1996 年 6 月的消费者信心指数为 116.7，因此 2009 年 11 月前的历史数据按照式（3-4）进行换算。

$$新消费者信心指数=旧消费者信心指数\times 116.7\div 100 \tag{3-10}$$

不少学者研究发现，消费者信心指数能较好地测度投资者危机情绪的变化，因此，本书选取消费者信心指数作为情绪的替代指标。该数据来自国家统计局中国经济景气监测中心，本书选取 1998 年至今消费者信心指数的数据。

第二节　危机情绪指数构建

一、机构和个人危机情绪指数

为了深入分析危机情绪的影响与波动特征，本书进一步构建机构和个人危机情绪指数，将上文所构建的危机情绪指数分别与机构投资者情绪指数测量指标上证基金指数（SFD）、IPO 网下中签率（ISP）、基金仓位（FPN）、新增机构开户数（NSAC）和股票市场交易每日资金 100 万元以上大单净流入（LNS）以及个人投资者情绪指数测量指标 IPO 网上中签率（ILW）、封闭基金折价率（DCEF）、新增个人开户数（NPAC）、股票市场交易每日资金 10 万元以下小单净流入（SNS）和消费者信心指数（ICC）拟合构建机构和个人危机情绪指数。在这些指标中，可能会存在提前或者滞后的关系，如基金仓位的加大，可能会引起机构投资者的注意，从而增加开户数量，因此，基金仓位指标可能具有一定的提前性。再如消费者信心指数的提升，会使投资者对当前经济形势和经济前景的评价更加乐观，这种乐观传导至金融市场上，也会增加开户数量，故消费者信心指数也可能具有提前性。考虑到这些情况，本书在构建机构和个人投资者情绪指数时，先分别确认各情绪指标与机构和个人投资者情绪的提前或者滞后关系。

因此，本书首先分别在机构投资者和个人投资者 5 个原始策略指标中引入 5 个提前指标，其次引入互联网大数据指标（Estock、Ebaidu）进行拟合。利用主成分分析法分别构建具有 12 个指标的初始机构投资者危机情绪指数

（SISI）和初始个人投资者危机情绪指数（IISI）。在利用主成分分析方法时，严格遵守特征根大于 1 和主成分的方差总和占全部方差的 90%以上的原则，危机情绪指数（ISI）的计算公式为：

$$ISI = \left(\sum_{i=1}^{n} isi_i \times r_i\right) \div (r_1 + r_2 + \cdots + r_i + \cdots + r_n) \tag{3-11}$$

利用指数与初始指标和提前指标的相关性，选出与危机情绪指数相关性最大的指标，从而确定最终指标的提前和滞后情况。初始投资者危机情绪指数与各指标之间的相关关系如表 3-1 所示。通过 SPSS23.0 计算得出初始机构投资者和个人投资者危机情绪指数。

表 3-1　初始机构投资者和个人投资者危机情绪指数与各指标的相关性

	SFD_t	ISP_t	FPN_t	$NSAC_t$	LNS_t
$SISI_t$	0.877**	0.776**	0.541**	0.395**	0.434*
	SFD_{t-1}	ISP_{t-1}	FPN_{t-1}	$NSAC_{t-1}$	LNS_{t-1}
$SISI_t$	0.801**	0.618**	0.662**	0.412**	0.332*
	ILW_t	$DCEF_t$	$NPAC_t$	SNS_t	ICC_t
$IISI_t$	0.849**	0.613**	0.418**	0.495**	0.254*
	ILW_{t-1}	$DCEF_{t-1}$	$NPAC_{t-1}$	SNS_{t-1}	ICC_{t-1}
$IISI_t$	0.821**	0.705**	0.492**	0.421**	0.332*

注：**、*分别表示 5%和 10%的显著性水平（双侧）。

初始机构投资者危机情绪指数为：

$$SISI_t = 0.398Estock + 0.261Ebaidu + 0.225\,SFD_t + 0.226\,ISP_t + 0.361\,FPN_t + 0.406NSAC_t + 0.291\,LNS_t + 0.303\,SFD_{t-1} + 0.154\,ISP_{t-1} + 0.412\,FPN_{t-1} + 0.287\,NSAC_{t-1} + 0.251LNS_{t-1} \tag{3-12}$$

初始个人投资者危机情绪指数为：

$$IISI_t = 0.138Estock + 0.303Ebaidu + 0.179ILW_t + 0.311DCEF_t + 0.254NPAC_t + 0.338SNS_t + 0.199ICC_t + 0.201ILW_{t-1} + 0.308DCEF_{t-1} + 0.281NPAC_{t-1} + 0.413SNS_{t-1} + 0.210ICC_{t-1} \tag{3-13}$$

从表 3-1 中可以看出，初始机构投资者和个人投资者情绪与各指标的相关性均通过了显著性检验，通过比较提前和滞后指标之间的关系，得出初始机构投资者情绪指数 $SISI_t$ 与 SFD_t、ISP_t、FPN_{t-1}、$NSAC_{t-1}$、LNS_t 这五个指标的相关性更强，初始个人投资者情绪指数 $IISI_t$ 与 ILW_t、$DCEF_{t-1}$、$NPAC_{t-1}$、SNS_t、ICC_{t-1} 这五个指标的相关性更强，所以分别选取这五个变量作为构建机构投资者情绪指数和个人投资者情绪指数的指标。采用主成分分析法中国资本市场危机情绪指数，首先，为了消除互联网大数据指标和传统情绪测度指标之间的单位差异及其影响，根据与情绪正相关或负相关对指标变量进行标准化和正负处理，在构建危机情绪指数时，对于各指标与情绪指数之间提前和滞后关系进行分析，从而确定指标融入指数的提前（滞后）性；其次，利用正交回归方法剔除情绪指标中宏观经济波动的影响，本书以工业增加值增长率除以工业品出厂价格指数之后的值作为正交回归的参数；最后，利用处理过的指标数据，运用主成分分析法构建相应的投资者情绪指数，在利用主成分分析方法时，严格遵守主成分的方差总和占全部方差的85%以上的原则，避免经过正交化旋转后信息缺失过多影响结果的稳健性，根据主成分分析结果，前两个主成分累计方差贡献率达 85%，为保证主成分解释力度和全部指标的信息，选取前两个主成分并按照方差贡献率进行加权平均。各指标的描述性统计如表 3-2 所示。

表 3-2 各指标的描述性统计

变量	平均值	标准差	最小值	最大值
$GSISI_t$	0. 021	0. 507	-1	0. 789
$SCSI_t$	0. 067	0. 432	-1	0. 959
$Estock_t$	0. 14	2. 62	-1. 00	1. 00
$Ebaidu_t$	-0. 35	3. 21	-1. 00	1. 00
SFD_t	3702. 13	56. 36	706. 53	7670. 68
ISP_t	0. 17	5. 77	0. 03	0. 86
FPN_{t-1}	0. 71	0. 74	0. 69	0. 90
$NSAC_{t-1}$	48. 13	56. 36	2. 57	320. 56
LNS_t	4036. 12	20. 58	1045. 65	10262. 72
ILW_t	0. 54	2. 59	0. 01	0. 11
$DCEF_{t-1}$	-0. 23	0. 06	-0. 34	-0. 09
$NPAC_{t-1}$	47. 73	56. 36	2. 57	278. 48
SNS_t	4994. 67	48. 55	2389. 13	45119. 34
ICC_{t-1}	108. 36	3. 74	100. 00	114. 10

综上所述，本书构建了市场和个股危机情绪指数、机构和个人的危机情绪指数，在进行检验时将所建立各危机情绪指数与上证综指、深圳综指进行 Pearson 相关检验，考察这些危机情绪指数与上证综指、深圳综指之间的相关程度。Pearson 相关检验结果表明，危机情绪指数与上证综指的相关系数为 0. 671，与深圳综指的相关系数为 0. 686，并符合双尾、1%显著性水平，这说明本书所构建的危机情绪对上证综指和深圳综指走势基本保持一致的变动趋势。

二、市场和个股危机情绪指数

（一）市场危机情绪指数构建

根据上文选取的互联网大数据指标，以“金融危机”“经济危机”“银行倒闭”“股市崩盘”四个词条的百度搜索指数（Ebaidu）以及股吧投资者文本指数（Estock）作为市场危机情绪的代理指标，时间周期以周为单位，选取时间范围为2011年1月至2020年12月。首先，对上述指标进行标准化正负处理，消除各变量之间的单位差异；其次，分析上述变量的提前和滞后关系，确定变量的提前和滞后性；再次，利用正交回归方法剔除变量中宏观经济波动的影响；最后，运用主成分分析法构建市场危机情绪测度指数（GSC-SI）。为避免经过正交化旋转后信息缺失过多影响指数的稳健性，构建时严格遵守主成分的方差总和占全部方差的85%以上的原则，为保证主成分解释力度和全部指标的信息，选取前两个主成分并按照方差贡献率进行加权平均。主成分分析结果如表3-3所示。

表3-3　主成分分析结果

危机情绪成分	初始特征值			提取平方和载入		
	合计	方差百分比（%）	累计方差百分比（%）	合计	方差百分比（%）	累计方差百分比（%）
1	2.331	60.472	60.472	2.331	60.472	60.472
2	1.267	26.309	86.781	1.267	26.309	86.781
3	0.522	12.102	98.883			
4	0.314	1.117	100.000			

（二）个股危机情绪指数构建

个股危机预期指数的构建与市场危机预期指数构建时搜索有关危机的词语不同，在构建个股危机预期指数时采用股票代码的搜索量而不是个股名称的搜索量，因为个股名称有简称和全称之分，针对具体个股，无法确定投资者使用何种名称；另外，个股名称的百度搜索量可能包含各种目的，不一定是投资者关心该股票，但使用个股股票代码的搜索量可以直接表示投资者主动搜索并关注个股股票的行为。基于此，本书将个股危机预期指数（SCSI）设定为：

$$SCSI_t^i = \left(\frac{GSCSI_t^i + S_i}{100}\right) R_t^i \tag{3-14}$$

其中，$GSCSI_t^i$ 表示 t 时刻市场危机预期指数，S_i 为股票 i 的名称搜索量，R_t^i 表示 $GSCSI_t^i$ 与 S_i 的相关系数。

第三节　本章小结

准确地测度危机情绪是本书研究的基础工作，本章利用网络爬虫技术、百度指数等网络大数据的方法，同时与传统情绪测度指标相结合，利用主成分分析法提取危机情绪的共同成分，构建了中国资本市场危机情绪指数、个股危机情绪指数、机构和个人危机情绪指数，并验证了指数的有效性。中国资本市场危机情绪指数可以衡量市场整体的危机心理状态，个股危机情绪指数可以衡量具体个股投资者的危机情绪状态，机构和个人危机情绪指数可以分别衡量机构和个人危机情绪的状态，上述四个指数覆盖了市场宏观和各个微观切面的危机心理状态，为本书的研究打下了坚实的基础。除此之外，本书认为，危机时期投资者情绪具有高度的灵活性和可变性，与传统情绪测度方法相比，本章基于网络大数据技术收集投资者危机情绪的方法更具有及时性和完整性。

第四章　中国资本市场危机情绪的波动与影响研究

本章将运用 GARCH 类模型，在考虑变点的情况下，从实证的角度分析机构和个人危机情绪的波动特征。研究在信息冲击下机构和个人危机情绪面对不同性质的消息如何波动以及波动的特点，为下一步探究在不同信息冲击下危机情绪波动反转机理打下基础。

第一节　危机情绪指数的波动效应

一、GARCH 类模型相关介绍

（一）GARCH 类模型概述

学者在对股票价格、汇率以及证券等金融时间序列数据等进行研究的过程中发现，金融变量的波动不仅随时间推移而变化，而且常常在某一段时间出现偏高或偏低的集聚性特征，也就是说，在某段时间内数据表现为大幅度波动，在另一段时间里却表现相对平稳。传统模型在衡量金融变量波动性的时候，假定样本的方差恒定不变，但随着金融理论的深入发展，这一假设越来越受到挑战。美国经济学家 Engle（1982）在研究英国通货膨胀率序列变化规律时提出了自回归条件异方差模型（ARCH 模型）。ARCH 模型常用来模拟时间序列变量的波动性变化，尤其是金融时间序列的波动性。该模型是指，在信息集的条件下，某一刻扰动项服从均值为零的正态分布，方差是一个随时间推移而变化的量（条件异方差），并且这个随时间推移而变化的方差是过去有限项噪声值平方的线性组合（即为自回归）。这样就构成了自回归条件异方差，利用 ARCH 模型，可以刻画出随时间推移而变化的条件方差。

某一时间序列的变化规律可由下列模型来描述：

$$y_t = \beta x_t + \varepsilon_t \tag{4-1}$$

$$\varepsilon_t = e_t \sqrt{h_t} \tag{4-2}$$

$$h_t = \alpha_0 + \alpha_1 \varepsilon_{t-1}^2 + \cdots + a_p \varepsilon_{t-p}^2 = \alpha_0 + a(L)\varepsilon_t^2 \tag{4-3}$$

其中，x_t 为解释变量向量，β 是系数向量；ε_t 是误差项，也称扰动项，服从期望为 0，条件方差为 h_t 的正态分布，即 $E(\varepsilon_t)=0$，$E(\varepsilon_t \mid I_{t-1}) = h_t$，$I_{t-1}$ 表示已知的信息；$\varepsilon_t \sim i$，且 $E(e_i)=0$，$D(e_i)=1$，a（L）是滞后算子多项式，$\alpha_i>0$；为了保证 $\{y_t\}$ 的二阶平稳性，要求多项式 1−a（L）的特征根在单位圆之外，满足上述条件的模型称为模型 ARCH（q），而称 $\{\varepsilon_t\}$ 服从 ARCH（q）过程，从式（4-3）可以看出，误差 ε_t 的条件方差 h_t 是 q 期滞后误差 ε_{t-1}^2，…，ε_{t-q}^2 的线性函数。

关于 ARCH 模型的平稳性，Engle（1982）给出了二阶平稳性定理。

定理 1：ARCH（q）二阶平稳的充要条件是式（4-3）的特征方程的所

有根都在单位圆外：

$$1-a_1z-a_2z^2-\cdots-a_qz^q=0 \tag{4-4}$$

$$E(\varepsilon_t^2)=a_o/1-a_1-\cdots-a_q \tag{4-5}$$

ARCH 模型被提出后，由于可以更好地反映方差变化的特征，作为一种度量金融时间序列数据波动性的有效工具，被广泛应用于和波动性有关的研究领域，但是线性 ARCH 模型存在一些缺陷：

（1）ARCH（q）模型在实际应用中为得到更好的拟合效果常需要很大的阶（q），这不仅增加了计算量，还会带来诸如解释变量多重共线的问题。

（2）如果滞后阶数 q 较大，无限制约束的估计常常会违背 a_1 都是非负的限定条件，而事实上恰恰需要这个条件来保证条件方差 h_t 永远是正数。因此，在这个模型的早期应用中，研究者会对 a_1 强加一个任意的递减时滞结构，以保证模型满足这些限定条件。

考虑到 h_t 的表达式是一个分步滞后模型，还可以用一个或两个 h_t 的滞后值代替许多 ε_t 的滞后值，于是 Bollerslev（1986）提出了广义自回归条件异方差模型 GARCH，对条件方差 h_t 作了如下推广：

$$h_t=\alpha_0+\alpha_1\varepsilon_{t-1}^2+\cdots+a_p\varepsilon_{t-p}^2+\beta_1\sigma_{t-1}^2+\cdots+\beta_q\sigma_{t-q}^2 \tag{4-6}$$

其中，$\varepsilon_t \sim i$，且 E（e_i）＝0，D（e_i）＝1，h_t 是 ε_t 的条件方差。为了保证条件方差为正，并且｛ε_t｝过程是平稳过程，各系数应满足约束条件：

$$\{a_i \geqslant 0,\ \beta_i \geqslant 0,\ \sum_{i=1}^{q} a_i+\sum_{j=1}^{p}\beta_i<1\} \tag{4-7}$$

除此之外，为了刻画波动率对价格大幅上升和价格大幅下降的反应不同，EGARCH、TARCH 等模型应运而生，这些模型弥补了传统模型不能反映异常波动率对“正”“负”收益率的不对称效应的缺点。这些模型经过发展最终形成了 ARCH/GARCH 族模型，因集中反映了方差变化特点而被广泛应用于金融时间序列分析以及其他领域的异常波动规律描述、预测和决策。

在 GARCH 模型中，要考虑两个不同的设定：一个是条件均值，另一个是条件方差。当 $p=0$ 时，模型即为普通的 ARCH（q）模型；当 $q=p=0$ 时，ε_t 为白噪声。在舆情波动的实际拟合和预测中，并不需要太高的阶数，GARCH（1，1）或 GARCH（2，2）可以达到目的。

标准的 GARCH（1，1）模型为：

$$y_t=\beta x_t+\varepsilon_t \tag{4-8}$$

$$\varepsilon_t=e_t\sqrt{h_t} \tag{4-9}$$

$$h_t=\alpha_0+\alpha_1\varepsilon_{t-1}^2+\beta_i h_{t-1} \tag{4-10}$$

类似地，系数满足 $\alpha_0\geqslant0$，$\alpha_i\geqslant0$，$\beta_i\geqslant0$，GARCH（1，1）模型是一个稳定过程的充要条件是 $\alpha_i+\beta_i<1$，GARCH（1，1）模型具有 2m 阶矩的充要条件为：

$$\mu(\alpha_i, \beta_i, m)=\sum_{j=0}^{m}\left(\frac{m}{j}\right)d_j\beta_i^{m-j}a_i^j<1 \tag{4-11}$$

（二）GARCH 类模型的检验和参数估计

下面考虑模型的参数估计问题，将模型主体部分表述为回归形式，如果是自回归形式，那么自变量是因变量的滞后项。

$$y_t=\beta x'_t+\varepsilon_t \tag{4-12}$$

$$\varepsilon_t=e_t\sqrt{h_t} \tag{4-13}$$

$$h_t=\alpha_0+\sum_{i=1}^{q}a_i\varepsilon_{t-1}^2+\sum_{j=1}^{p}\beta_i h_{t-1} \tag{4-14}$$

本书考虑的是参数的最大似然估计，所以模型里有误差正态假设。将模型的观察集记为：

$$Y'_t=(y_t, y_{t-1}, \cdots, y_0; x'_t, x'_{t-1}, \cdots, x'_0)' \tag{4-15}$$

将模型的参数记为：

$$Z'_t=(\varepsilon_{t-1},\ \varepsilon_{t-2},\ \cdots,\ \varepsilon^2_{t-m};\ h'_{t-1},\ h'_{t-2},\ \cdots,\ h'_{i-r})'$$

$$\delta'_t=(k_0,\ a_1,\ \cdots,\ a_q,\ \beta_1,\ \beta_2,\ \cdots,\ \beta_p)'$$

$$\theta=(\beta',\ \delta')' \tag{4-16}$$

将 h_t 表示为样本和参数集的函数：

$$h_t=k_0+\sum_{i=1}^{q}\delta_i h_{i-1}+\sum_{j=1}^{p}a_i(y_{t-i}-x'_{t-i}\beta) \tag{4-17}$$

注意到 h_{t-i} 有一个递推计算过程，于是将 GARCH 模型的对数似然函数表示为：

$$L(\theta\mid Y'_t)=-\frac{T}{2}\ln(2\pi)-\frac{1}{2}\sum_{t=1}^{T}\ln(h_t)-\frac{1}{2}\sum_{t=1}^{T}\varepsilon_i^2h_t^{-1} \tag{4-18}$$

利用拉格朗日乘数法对 L（θ｜ Y'_t）求极大值得到 θ 的估计：

$$L(\theta)=\max_{\theta}L(\theta) \tag{4-19}$$

GARCH 模型参数估计常采用的算法是 Hausman 和 Purdy（1974）提出的 BHHH 算法。该算法采用微分可行方向法，通过反复迭代得到对数似然函数的最大值。

（三）非对称 GARCH 类模型

为了刻画时间序列非对称的波动特征，学者提出了 EGARCH 模型和 TARCH 模型。

1. EGARCH 模型

Nelson（1991）在 GARCH 模型的基础上提出了指数 EGARCH 模型，其方差的对数形式为：

$$\ln h_t=a_0+\sum_{i=1}^{q}a_i g(\varepsilon_{i-k})+\sum_{j=1}^{p}\beta_i(\ln h_{i-j}) \tag{4-20}$$

$$\varepsilon_t=e_t\sqrt{h_t},\ \ g(e_i)=a[\,|e_i|-E|e_i|\,]+\gamma e_i \tag{4-21}$$

式（4-20）左边是条件方差的对数，意味着条件方差反映了指数的杠杆效应，且条件方差的预测值是非负的。当 $\gamma \neq 0$ 时，冲击的影响存在非对称性。当 $\theta<0$ 时，在波动相同的情况下，未来条件方差在负波动下的增幅大于正波动下的增幅，体现了不对称性，因此，EGARCH 模型有助于描述在波动中好消息和坏消息对时间序列波动的影响。

为了扩大 EGARCH 的应用范围，学者随后又提出了随机扰动的 ε_t 条件分布服从零均值和单位方差的广义误差分布。EGARCH（1，1）模型的条件方差的对数形式为：

$$\ln h_t = a_0 + \beta \ln(h_{t-1}) + a[\,|e_i| - E|e_i|\,] + \gamma e_i \tag{4-22}$$

EGARCH 模型与 GARCH 模型相比，关于条件方差的假设主要有两点不同：一是可以体现非对称效应。模型中 h_t 在随机扰动 e_i 取正、负值时有不同程度的变化，从而能更好地体现金融时间序列波动的情况。例如，在股票市场中，若将利好消息看作对股价的正干扰，将利空消息看作负干扰，那么股价往往对同样程度的负干扰反应更为强烈，EGARCH 模型可以描述这种不对称性。如果参数 g 为负数，且 $-1<\gamma<0$，那么一个负干扰所引起的 h_t 的变化，比相同程度的正干扰所引起的变化幅度要大。反之，若 $\gamma>0$，则同样程度的正干扰引起的 h_t 变化幅度更大。若 $\gamma=0$，则相同程度正负干扰所引起的 h_t 的变化是对称的。二是条件方差 h_t 的参数 β_j 无论取何值，条件方差 h_t 总大于零。因此，在对 EGARCH 模型进行参数估计时，不需要对 β_j 值作约束，从而可以减少计算工作量。

2. TARCH 模型

Zakoian（1990）提出了门限 GARCH 模型，在 GARCH 模型的基础上用一个分段线性函数刻画波动的非对称性，可以直接反映股票市场波动的非对称性以及影响的差异度。TARCH 模型与 EGARCH 模型的作用相似，条件方差的形式为：

$$h_t = a_0 + \sum_{i=1}^{q} a_i \varepsilon_{t-i}^2 + \sum_{k=1}^{w} \gamma_k \varepsilon_{t-k}^2 d_{t-k} + \sum_{j=1}^{p} \beta_j h_{t-j} \tag{4-23}$$

其中，d_{t-k} 是一个虚拟变量，当 $\varepsilon_{t-1}<0$ 时，$d_{t-k}=1$，否则 $d_{t-k}=0$。只要 $\gamma \neq 0$，就存在非对称效应，且 $\gamma_k \varepsilon_{t-k}^2 d_{t-k}$ 被称为非对称效应项。

在 TARCH 模型中，好消息（$\varepsilon_{t-1}>0$）对信息量的增长会有一个 a 倍的冲击，此时 $d_{t-k}=0$ 说明非对称效应项不存在。而对事件主体有负面影响的坏信息（$\varepsilon_{t-1}<0$）会使信息快速增长，对信息量的增长有一个 a+γ 倍的冲击，此时 $d_{t-k}=1$ 说明非对称效应项存在。当 $\gamma>0$ 时，非对称效应项会使波动加大，存在杠杆效应，否则非对称效应项会使波动减小。

TARCH（1，1）的条件方差为：

$$h_t = a_0 + a\varepsilon_{t-i}^2 + \gamma\varepsilon_{t-i}^2 d_{t-k} + \beta_j h_{t-j} \tag{4-24}$$

二、基于变点检测的危机情绪波动模型构建

金融市场的波动性问题一直是学术界和实务界研究和关注的焦点，相关研究和实践表明，金融资产价格的剧烈波动不仅会对金融市场造成严重的冲击，更会引起市场系统性风险。很多学者运用 GARCH 类模型来研究金融市场波动的问题。Brooks 和 Henry（2000）利用 GARCH 模型对美国、澳大利亚、日本的股票市场波动性进行研究，发现市场收益率波动具有非对称性、传导性等特点，Ruiz（2006）利用 EGARCH 模型对 DAX 和标准普尔 500 指数进行波动建模，研究表明，这两个指数波动具有长记忆性、非对称性等特点，国内学者的相关研究中，周孝华和吴命（2010）、鲁万波等（2018）、陆静和张银盈（2021）等利用 GARCH 类模型对中国股票市场波动性进行拟合建模，研究发现，中国股票市场亦存在非对称性等特点。综观上述研究，学

者利用EGARCH模型对证券市场收益率波动进行了研究，较少有学者从行为金融的角度利用EGARCH类模型对人的行为和心理的波动进行刻画描述，与传统理论将投资者主观属性设定为常数不同，行为金融学认为，资产价格的急涨与暴跌，既可能是因为受到基本面的影响，更可能是由投资者心理因素和行为特征变化所致。Kadilli（2015）首次研究了情绪波动与资产价格波动率的关系，发现主观因子较小的变动可以导致股票价格较大的波动；张强和杨淑娥（2009）指出，投资者情绪是影响股票价格的系统因子，股票价格随着投资者情绪波动而波动，且情绪的上涨和下降对股票价格的影响是不对称的；文凤华等（2014）采用虚拟变量回归模型、GARCH模型及RV-AR模型考察投资者情绪特征对股票价格行为的非对称影响，结果显示，投资者情绪的波动对股票收益率的波动有显著的冲击；姚德权和黄学军（2010）基于机构投资者情绪的实际情况修正DSSW模型的研究表明，中国机构投资者情绪存在一阶自回归，方差为异方差；王朝晖和李心丹（2013）研究表明，我国投资者情绪指数存在ARCH效应，对股市收益具有“溢出效应”；刘金娥和陈国进（2021）将投资者情绪引入HAR模型，运用Realized GARCH模型进行实证研究，揭示股指期货波动运行规律。

与成熟股票市场相比，中国股市具有“新兴加转轨”的特点，心理特征更强，实践表明，投资者情绪的剧烈变化在证券市场非理性繁荣和恐慌性下跌中起到推波助澜的作用，尤其是危机时期，不确定性和不稳定性上升，投资者从众心理增强，极易形成一致性的危机心理，加大市场波动，进而引发更为严重的市场危机。因此，研究与把握中国投资者情绪波动的水平和特征对于制定宏观金融政策和防范系统性风险具有重要的意义，基于此本书将利用EGARCH类模型，在考虑投资者情绪突变效应的情况下，研究机构和个人投资者危机情绪波动的特征。

（一）变点分析与检测

1. 变点检测理论分析

第三章建立了机构和个人投资者危机情绪指数模型，为了便于研究，减少和平滑数据的波动性，本书将危机指数的波动定义为：$I_t = \log\ ISI_t - \log\ ISI_{t-1}$。将机构投资者危机情绪波动指数定义为 ZISI，将个人投资者危机情绪波动指数定义为 CISI。

现有研究表明，投资者情绪指数存在一定程度的条件异方差性质，即投资者情绪指数序列表现出显著的非平稳性，非平稳序列变化具有突变性的特点，而这些突变会在一定程度上影响序列的波动特征，因此，本书将建立基于这些变点的机构和个人危机情绪波动模型。

构建模型时首先进行突变点检测。若有一时间序列 $T = x_1, x_2, \cdots, x_n$，$f_1, f_2, \cdots, f_n$ 是该序列的分布函数，若 f_{k+1} 与 f_k 在波动特征上不同，则 k 时间点为该时间序列的变点，当时间序列 T 存在不同的变点时，该序列的波动模型就是多变点模型，即 $(x_1, x_2, \cdots, x_{k1})$，$(x_{k1+1}, x_{k1+2}, \cdots, x_{2k})$，…，$(x_{kp+1}, x_{kp+2}, \cdots, x_n)$，每一组向量内分布函数的观察值保持稳定，当在 $p_1, p_2, \cdots, p_n$ 处分布函数发生较大的变化时，这些点为该时间序列 T 的多变点。这些突变点反映了时间序列 T 在波动过程中质的变化。在时间序列 T 的波动过程中，观察值 $(x_1, x_2, \cdots, x_{k1})$ 按照时间顺序排列，当在某一时刻 t 时，该序列 T 的观察值特征分布或参数发生了变化，这个点就是变点，时刻 t 就是突变时刻，或者观察值的分布依赖于某种空间参数，而变点是该分布在空间的截面位置。

变点问题主要是利用统计推断，把连续抽样、固定样本抽样和假设检验相结合。变点的分类有很多种，按照抽样方法的不同可以分为连续抽样变点和非连续抽样变点；根据分布的均值和方差的变化可以分为位置变点和刻度参数变点；由变点数量的不同可以分为单个变点和多变点；根据变点的不同形态又可以分为渐变点、突变点和流行变点等。因此，变点的问题主要包括三个方面：一是未知变化时刻的估计，根据具体背景或分布，对未知变化时刻进行检验；二是变点的性质分析，对检验结果进行分析；三是变点的实际应用。研究变点的核心在于检测变点，通过对点估计、区间估计以及估计量的收敛速度和渐进分布的研究来探究观察值是同质还是异质，而在实际研究中，首先对变点的存在性进行确定，原假设为无变点，若检验结果拒绝原假设则说明变点不存在；相反，则认为变点存在。由于变点问题涉及独立随机变量和非独立随机变量的分布，目前检测变点的方法有参数分析法、非参数分析法（如极大似然法）、Bayes 方法、最小二乘法，小波分析、平方累计方法、时变参数回归方法等。

2. 变点检测模型构建与结果

综上所述，根据变点检测的理论和方法，本书将先检测机构和个人危机情绪波动序列的突变点，然后将其引入波动模型，重新拟合并分析情绪波动的突变对整个情绪波动序列的影响。本书采用 Sanso 等（2004）提出的修正后的 ICSS 算法对机构和个人情绪波动序列进行变点检测，修正后的 ICSS 算法放宽了残差服从独立同分布的规定，并调整了非参数形式，修正后的非参数统计量为：

$$Y_1 = \sup\left|\frac{G_k}{\sqrt{T}}\right| \quad (4-25)$$

其中：

$$G_k = \frac{1}{\sqrt{\omega_1}}\left[C_k - \frac{k}{T}C_T\right]$$

$$\hat{\omega}_1 = \frac{1}{T}\sum_{t=1}^{T}(a_t^2 - \sigma^2) + \frac{2}{T}\sum_{t=1}^{m}\omega(l,\ m)\sum_{t=l+1}^{T}(a_t^2 - \hat{\sigma}^2)(a_{t-1}^2 - \hat{\sigma}^2)$$

$$\hat{\sigma}^2 = \frac{C_T}{T} \tag{4-26}$$

根据以上公式，本书利用统计软件 Matlab2017 进行编程，运用修正的 ICSS 算法对机构投资者和个人投资者情绪的波动过程进行检测，取置信度为 95%，检验结果显示，机构投资者危机情绪波动序列有 26 个突变点，个人投资者危机情绪波动序列有 52 个突变点。从表 4-1 可知，一方面，从突变点的时间来看，机构投资者情绪波动序列和个人投资者情绪波动序列突变点的位置不完全相同，个人投资者情绪波动并未受到机构影响，相对独立；另一方面，机构投资者情绪波动序列在 1997 年、2007 年、2008 年、2014 年、2015 年、2018 年、2020 年，个人投资者情绪波动序列在 2010 年、2011 年、2015 年、2016 年、2018 年、2019 年、2020 年呈现出波动程度大、频率高的特点。

表 4-1 机构投资者和个人投资者情绪波动序列突变点

个人投资者危机情绪波动序列突变点				机构投资者危机情绪波动序列突变点	
序号	突变日期	序号	突变日期	序号	突变日期
1	1997/03	14	2005/06	1	2010/06
2	1997/07	15	2005/12	2	2010/07
3	1997/08	16	2006/05	3	2010/11
4	1997/11	17	2007/02	4	2011/01
5	1998/08	18	2006/12	5	2011/05
6	1999/06	19	2007/04	6	2012/02
7	1999/08	20	2007/06	7	2012/12
8	2000/04	21	2007/10	8	2013/05
9	2001/12	22	2008/04	9	2013/05
10	2002/03	23	2008/09	10	2014/03
11	2002/08	24	2008/10	11	2015/01
12	2004/09	25	2008/11	12	2015/02
13	2005/03	26	2009/07	13	2015/03

续表

个人投资者危机情绪波动序列突变点				机构投资者危机情绪波动序列突变点	
序号	突变日期	序号	突变日期	序号	突变日期
27	2009/09	40	2015/08	14	2015/04
28	2010/10	41	2016/01	15	2015/05
29	2011/10	42	2016/03	16	2015/06
30	2012/12	43	2016/12	17	2015/07
31	2013/07	44	2018/06	18	2015/08
32	2014//07	45	2018/10	19	2016/01
33	2014/10	46	2018/12	20	2016/03
34	2014/11	47	2019/02	21	2016/12
35	2015/03	48	2019/04	22	2018/06
36	2015/04	49	2020/01	23	2018/12
37	2015/05	50	2020/02	24	2019/04
38	2015/06	51	2020/03	25	2020/02
39	2015/07	52	2020/07	26	2020/07

根据时间序列波动模型的思想，信息是刺激投资者情绪变化的重要原因，对于机构投资者和个人投资者危机情绪波动来说，每个变点的发生意味着在变点时刻信息发生了重大变化或者有重大事件发生，导致危机情绪序列出现突变，根据变点检测的结果，本书将对所检测出的变点与当时的信息面进行比对，观察是否存在产生变点的重大事件，参考中国证监会、交易所、中国证券网编制的中国证券市场政策法规大事记等一一进行比照，通过观察发现，导致机构投资者情绪波动变点出现的重大事件主要包括宏观经济变化、基准利率即存款准备金率的调整、印花税、突发事件（贸易摩擦、疫情冲击等）以及市场不稳定状态下的异常波动等，可以看出这些突变点与政府宏观经济、政策关系较大，具有典型的政策市的特征；与之形成对应的是个人投资者情绪波动的变点，经过事件对比发现，导致变点出现较多的原因在于政府的监

管，但在某些时候与机构投资者相比稍有不同，表现出一定的独立性，即受宏观经济的影响相对较少，更多是因为突发事件的冲击。

（二）GARCH 类模型建立

根据本书对机构投资者和个人投资者危机情绪变点检测的结果，通过构造虚拟变量的方法将检测到的突变点分别引入机构投资者和个人投资者危机情绪指数波动 GARCH（包括 EGARCH 和 TARCH）模型中。具体步骤如下：

假设 GARCH（1，1）模型为：

$$\sigma_t^2 = \omega + a\varepsilon_{t-1}^2 + \beta\sigma_{t-1}^2 \tag{4-27}$$

TARCH（1，1）模型为：

$$\sigma_t^2 = \omega + a\varepsilon_{t-1}^2 + \gamma\varepsilon_{t-1}^2 + \beta\sigma_{t-1}^2 \tag{4-28}$$

EGARCH（1，1）模型为：

$$\ln\sigma_t^2 = \omega + a\left|\frac{\varepsilon_{t-1}}{\sigma_{t-1}}\right| + \gamma\frac{\varepsilon_{t-1}}{\sigma_{t-1}} + \beta\ln(\sigma_{t-1}^2) \tag{4-29}$$

其中，$\omega>0$；a，$\beta\geqslant 0$。

将修正后的 ICSS 算法检测到的机构投资者和个人投资者危机情绪突变点作为 GARCH（1，1）模型的虚拟变量：

$$y_t = u + \varepsilon_t,\ \varepsilon_t \mid K_{t-1} \sim N(0,\ \sigma_t^2) \tag{4-30}$$

$$h_t = \omega + d_1D_1 + \cdots + d_nD_n + a\varepsilon_{t-1}^2 + \beta\sigma_{t-1}^2 \tag{4-31}$$

其中，D_1，D_2，…，D_n 分别表示突变点的蓄奴变量，N（0，σ_t^2）表示均值为零、方差为 σ_t^2 的密度函数，K_{t-1} 为 t-1 的消息。

同理，将修正后的 ICSS 算法检测到的机构投资者和个人投资者危机情绪突变点作为 EGARCH（1，1）模型的虚拟变量：

$$y_t = u + \varepsilon_t,\ \varepsilon_t \mid K_{t-1} \sim N(0,\ \sigma_t^2) \tag{4-32}$$

$$\ln(h_t)=\omega+d_1D_1+\cdots+d_nD_n+a\left|\frac{\varepsilon_{t-1}}{\sigma_{t-1}}\right|+\gamma\frac{\varepsilon_{t-1}}{\sigma_{t-1}}+\beta\ln(\sigma_{t-1}^2) \tag{4-33}$$

其中，D_1，D_2，…，D_n 分别表示突变点的蓄奴变量，N（0，σ_t^2）表示均值为零，方差为 σ_t^2 的密度函数，K_{t-1} 为 t-1 的消息。

同理，以修正后的 ICSS 算法检测到的变点作为虚拟变量，引入 TARCH（1，1）模型可表示为：

$$y_t=u+\varepsilon_t,\ \ \varepsilon_t \mid K_{t-1}\sim N(0,\ \sigma_t^2) \tag{4-34}$$

$$h_t=\omega+d_1D_1+\cdots+d_nD_n+a\varepsilon_{t-1}^2+\gamma\varepsilon_{t-1}^2+\beta\sigma_{t-1}^2 \tag{4-35}$$

假设突变点虚拟变量在第 D_i 个机制处取值为 1，其余为 0，整个波动模型共有 n-1 个波动模块。

在模型构建的基础上，本书确定研究样本的空间为 1997 年 1 月至 2020 年 12 月的月度情绪指数，样本数据的起点之所以选在 1997 年 1 月，最主要的原因是中国股市从 1996 年 12 月 16 日开始实行涨跌停板限制交易制度，这种交易制度的实施在很大程度上抑制了中国股市的暴涨暴跌现象，减少了股市的波动幅度，同时降低了对情绪的冲击，因而能够减少异常值的干扰，提高波动的估计精度。对所选取的数据用 Eviews10. 0 软件进行统计分析。

三、实证分析与讨论

（一）平稳性检验

首先，对机构投资者和个人投资者危机情绪波动序列进行平稳性检验，检验结果如表 4-2 所示，Jarque-Ben 统计量远远大于任意合理显著水平的临界值，拒绝了投资者情绪指数波动序列正态分布的假设。

表 4-2　机构投资者和个人投资者危机情绪指数正态性检验

	偏度	峰度	Jarque-Ben 统计量	P 值
ZISI	2. 15108	9. 22381	996. 341	0. 00000
CISI	1. 98112	7. 66593	902. 633	0. 00000

接下来采用 ARCH-LM 检验机构投资者和个人投资者危机情绪指数波动序列是否平稳，即是否存在 ARCH 效应，运用 Eviews10. 0 软件对模型进行 ARCH-LM 检验，先将机构投资者和个人投资者危机情绪指数波动序列进行回归，得到残差序列，由表 4-3 可以看出，LM 检验统计量的取值较大，大于显著性水平下的临界值，而且伴随概率的取值近似为零，从而拒绝残差序列不存在 ARCH 效应的原假设，然后对回归进行 ARCH-LM 检验（分别取滞后 5 阶、9 阶），取滞后 5 阶时，R^2 伴随概率为 0. 0000，统计量显著；取滞后 9 阶时，也存在明显的异方差性，说明机构投资者和个人投资者危机情绪指数存在高阶 ARCH 效应，同时根据上文检测的情绪突变点，通过构造变点虚拟变量的方法将结构突变因素加入 GARCH 族模型，进一步考察情绪突变点对模型的影响。

表 4-3　机构投资者和个人投资者危机情绪指数 ARCH 效应检验

ZISI	F 统计量	9. 156321	概率值	0. 000051
	$T\times R^2$ 统计量	51. 81054	概率值	0. 000320
CISI	F 统计量	6. 001245	概率值	0. 000032
	$T\times R^2$ 统计量	47. 63189	概率值	0. 000276

（二）加入变点的 EGARCH 模型实证结果

本书在加入突变点的情况下，分别对机构投资者和个人投资者危机情绪指数采用 EGARCH（1，1）、EGARCH（1，2）、EGARCH（2，1）、EGARCH（2，2）这四个模型来比较。根据这四个模型进行参数估计后的参数的显著性检验，剔除没有通过参数显著性检验的模型。在模型中选取似然值最大、AIC 值和 SC 准则值最小的模型作为最终模型，若这四种模型还不能满足则扩大 EGARCH 项外推的阶数，运用 Eviews10.0 软件将突变点重新进行拟合，可得出带有变点虚拟变量的模型估计值，如表 4-4 所示。

表 4-4　加入变点虚拟变量前后危机情绪指数的 EGARCH 模型估计值

机构投资者危机情绪指数 GARCH 类模型参数				
	EGARCH（1，1）	EGARCH（1，2）	EGARCH（2，1）	EGARCH（1，2）
AIC	-0.614008	-0.776502	-0.687456	-0.570987
SC	-0.601123	-0.693233	-0.517895	-0.421987
Log	60.64776	74.05048	62.77584	52.11235
R^2	-0.652345	0.333464	0.192345	0.223497
个人投资者危机情绪指数 GARCH 类模型参数				
	EGARCH（1，1）	EGARCH（1，2）	EGARCH（2，1）	EGARCH（1，2）
AIC	-0.664122	-0.622201	-0.517045	-0.613254
SC	-0.712391	-0.665888	-0.447559	-0.399812
Log	77.87001	61.45784	66.65321	56.45377
R^2	-0.545212	0.327765	0.223765	0.250043

对于机构投资者危机情绪，通过比较表 4-4 中这四个模型的结果，选择 EGARCH（1，2）作为最优的模型。在这里需要指出的是，对 EGARCH（1，2）模型未加入突变点和加入突变点的不同情况，本书亦进行了验证，结果如表 4-5 所示。

表 4-5　加入变点虚拟变量前后机构投资者危机情绪指数 ARCH 模型估计值

机构投资者危机情绪指数 EGARCH（1，2）模型参数			
EGARCH（1，2）没有突变点		EGARCH（1，2）包含所有突变点	
ω	0.08634	ω	-0.03820

续表

机构投资者危机情绪指数 EGARCH（1，2）模型参数			
EGARCH（1，2）没有突变点		EGARCH（1，2）包含所有突变点	
α	0.14791	α	0.42351
γ	-0.09213	γ	-0.34822
β	0.52321	β	0.87062
AIC	-0.21765	AIC	-0.77650

根据 AIC 准则以及最大似然函数，极大似然函数值越大，AIC 值越小，表示波动模型的拟合度更优，由表 4-5 可知，在加入所有突变点后，EGARCH（1，2）模型 AIC 值变小，表明波动模型对机构危机情绪指数波动特征拟合的效果更好。未加入突变点时，EGARCH（1，2）模型中 $\alpha+\beta$ 的值为 0.67112，加入变点虚拟变量后，$\alpha+\beta$ 的值增大到 1.29413，说明当机构投资者危机情绪波动指数中存在变点时，将加大存在波动的持续性，如果忽略波动的结构突变，会过低估计机构投资者危机情绪波动的持续性效应；除此之外，在 EGARCH（1，2）模型中，若系数 $\gamma\neq0$，说明信息冲击对危机情绪波动的影响存在对称性效应，若该模型是对数形态且系数 $\gamma<0$ 时，说明机构投资者危机情绪波动存在杠杆效应，并且“坏消息”能比“好消息”会产生更大的波动，根据研究结果，加入变点虚拟变量之后，“坏消息”对机构投资者危机情绪条件方差的冲击由 0.24004 倍上升到 0.77173 倍，“好消息”的冲击倍数为 0.07529，说明这些突变点的存在加大了危机情绪波动的不稳定性，且“坏消息”对机构投资者危机情绪波动的影响更大，危机情绪在该时刻的突变或转折，使投资者对信息更加敏感，因此监管者在面对投资者情绪巨幅波动的不稳定状态时，应该注意把握新信息或新消息的节奏和力度，避免火上浇油。根据实证结果，本书构建加入变点虚拟变量的机构投资者危机情绪波动 EGARCH（1，2）模型，参数估计结果如下：

均值方程：$I_t = 0.7094 + 0.1612 I_{t-1} + \varepsilon_t$

方差方程：$\ln(h_t) = -0.0382 + 0.4235\left|\frac{\varepsilon_{t-1}}{\sqrt{h_{t-1}}}\right| - 0.3482\left|\frac{\varepsilon_{t-2}}{\sqrt{h_{t-2}}}\right| - 0.1215\frac{\varepsilon_{t-1}}{\sqrt{h_{t-1}}} + 0.8706\ln(h_{t-1}) + 0.0061 d_1 + \cdots + 0.0035 d_{43}$

综上所述，机构投资者危机情绪指数 EGARCH（1，2）模型显示机构投资者容易受到负面信息的影响，指数波动存在一定程度的非对称性和杠杆性。

同样地，对于个人投资者危机情绪波动指数来说，通过比较表 4-4 中这四个模型的结果，选择 EGARCH（1，1）作为最优的模型。将未加入变点虚拟变量和加入变点虚拟变量的情况进行对比，具体结果如表 4-6 所示。

表 4-6　加入变点虚拟变量前后个人投资者危机情绪 EGARCH 模型估计值

个人投资者危机情绪波动序列 EGARCH（1，1）模型参数			
EGARCH（1，1）没有突变点		EGARCH（1，1）包含所有突变点	
ω	0.10232	ω	−0.08717
α	0.13498	α	0.26882
γ	−0.10821	γ	−0.14671
β	0.33098	β	0.49775
AIC	−0.21765	AIC	−0.66412

与机构投资者危机情绪验证结果相同，根据 AIC 准则以及最大似然函数，在加入所有突变点后，EGARCH（1，1）模型 AIC 值变小，表明波动模型对个人投资者危机情绪波动特征拟合的效果更好，同时，未加入突变点时，EGARCH（1，1）模型中 α+β 的值为 0.46596，加入变点虚拟变量后，α+β 的值增大到 0.76657，说明当个人危机情绪波动序列中存在变点时，也将加大存在波动的持续性，如果忽略波动的结构突变，会低估个人投资者危机情绪波

动的持续性效应。同样地，在个人投资者危机情绪波动 EGARCH（1，1）模型中，系数 $\gamma \neq 0$ 且 $\gamma < 0$，说明信息冲击对个人投资者危机情绪波动的影响存在对称性效应和杠杆效应，并且“坏消息”能比“好消息”产生更大的波动，根据研究结果，加入变点虚拟变量之后，“坏消息”对个人投资者情绪条件方差的冲击由 0.31319 倍上升到 0.41553 倍，“好消息”的冲击为 0.12211 倍，与机构投资者危机情绪波动情况相同，这些突变点的存在加大了危机情绪波动的不稳定性，危机情绪在该时刻的突变或转折，使投资者对信息更加敏感。根据实证结果，本书构建加入变点虚拟变量的个人投资者危机情绪 EGARCH（1，1）模型，参数估计结果如下：

均值方程：$I_t = 0.5546 + 0.1421 I_{t-1} + \varepsilon_t$

方差方程：$\ln(h_t) = -0.0872 + 0.2688\left|\frac{\varepsilon_{t-1}}{\sqrt{h_{t-1}}}\right| - 0.1467\left|\frac{\varepsilon_{t-2}}{\sqrt{h_{t-2}}}\right| - 0.2367\frac{\varepsilon_{t-1}}{\sqrt{h_{t-1}}} + 0.4977\ln(h_{t-1}) - 0.0109 d_1 + \cdots + 0.0081 d_{21}$

综上所述，个人投资者危机情绪 EGARCH（1，1）模型波动容易受到负面信息的影响，指数波动亦存在一定程度的非对称性和杠杆性。

（三）加入变点的 TARCH 模型实证结果

与 EGARCH 模型验证过程相似，在加入突变点情况下，分别对机构投资者和个人投资者危机情绪波动指数采用 TARCH（1，1）、TARCH（1，2）、TARCH（2，1）、TARCH（2，2）这四个模型来比较。根据结果（见表 4-7），上述四个模型差距较小，对于机构投资者和个人投资者危机情绪波动模型来说，TARCH（1，1）模型假设检验结果更好，因此，本书选择 TARCH（1，1）模型作为机构投资者和个人投资者危机情绪波动的非对称模型。

表 4-7　加入变点虚拟变量前后危机情绪指数的 TARCH 模型估计值

机构投资者危机情绪指数 TARCH 类模型参数				
	TARCH（1，1）	TARCH（1，2）	TARCH（2，1）	TARCH（1，2）
AIC	-0.818863	-0.479342	-0.667677	-0.487381
BC	-0.605926	-0.347575	-0.535910	-0.355614
Log	72.55676	53.79574	69.33334	54.45894
R^2	0.171129	0.192378	0.064840	0.187343
个人投资者危机情绪指数 TARCH 类模型参数				
	TARCH（1，1）	TARCH（1，2）	TARCH（2，1）	TARCH（1，2）
AIC	-0.772541	-0.301282	-0.703846	-0.590872
SC	-0.578886	-0.400986	-0.502177	-0.443861
Log	68.22239	61.25488	65.68334	52.55587
R^2	0.157214	0.1773864	0.122345	0.139571

同样地，与未加入突变点虚拟模型的 TARCH（1，1）进行对比，结果如表 4-8 所示。

表 4-8　加入变点虚拟变量前后机构投资者危机情绪指数 TARCH 模型估计值

机构投资者危机情绪指数 TARCH（1，1）模型参数			
TARCH（1，1）没有突变点		TARCH（1，1）包含所有突变点	
ω	0.04491	ω	0.00174
α	0.09766	α	0.12022
γ	-0.35112	γ	0.16938
β	0.61221	β	0.96721
AIC	-0.59454	AIC	-0.81886

根据 AIC 准则以及最大似然函数，在加入所有突变点后，TARCH（1，1）模型 AIC 值变小，表明波动模型对机构投资者情绪波动特征拟合的效果更好，同时，未加入突变点时，TARCH（1，1）模型中 α+β 的值为 0.70987，

加入变点虚拟变量后，$\alpha+\beta$ 的值增大到 1.08743，说明当机构投资者危机情绪波动序列中存在变点时，将加大存在波动的持续性，如果忽略波动的结构突变，会过低估计机构投资者危机情绪波动的持续性效应；除此之外，与 EGARCH 模型不同，在 TARCH 模型中，只要 $\gamma\neq0$，就说明存在非对称效应，且加入变点虚拟变量之后，信息对机构投资者危机情绪条件方差的冲击由 0.09766 倍上升到 0.12022 倍，且利好消息的冲击为 0.12022 倍，利空消息的冲击为 0.2896 倍，表明这些突变点的存在加大了危机情绪波动的不稳定性，且“坏消息”对机构投资者情绪的冲击效应更加明显，同时存在非对称性。根据实证检验结果，本书构建加入变点虚拟变量的机构投资者危机情绪指数 TARCH（1，1）模型，参数估计结果如下：

均值方程：$I_t=0.7094+0.1612I_{t-1}+\varepsilon_t$

方差方程：$h_t=0.0017+0.1202\varepsilon_{t-1}^2+0.1694\varepsilon_{t-1}^2+0.96721h_{t-1}+0.0101d_1+\cdots+0.0087d_{43}$

同理，个人投资者危机情绪指数波动 TARCH（1，1）模型也存在相同的性质及杠杆性和非对称性，“坏消息”对个人投资者危机情绪波动的影响大于“好消息”，加入变点虚拟变量的个人投资者危机情绪 TARCH（1，1）模型，参数估计结果如下：

均值方程：$I_t=0.6651+0.1338I_{t-1}+\varepsilon_t$

方差方程：$h_t=0.0115+0.1041\varepsilon_{t-1}^2+0.1158\varepsilon_{t-1}^2+0.7751h_{t-1}+0.0078d_1+\cdots+0.0051d_{21}$

综上所述，本书对机构投资者和个人投资者危机情绪指数 EGARCH 模型和 TARCM 模型进行了实证分析，结果表明，无论是机构投资者还是个人投资者危机情绪波动均有波动聚集、尖峰厚尾等特征，加入变点虚拟变量后，$\alpha+\beta$ 值变大，说明当危机情绪指数中存在突变点时，将加大存在波动的持续性，如果忽略波动的结构突变，会低估机构投资者和个人投资者危机情绪波动的持续性效应；除此之外，情绪的波动更容易受“坏消息”的影响，表现出明显的非对称性的特征，显示出中国证券市场作为新兴的发展中的市场，存在严重的噪声交易现象，非理性行为显著。机构投资者和个人投资者危机情绪容易受到“坏消息”影响这一特点，可能与我国股市“牛短熊长”的走势相关，长期的熊市环境“训练”了无论是机构投资者还是个人投资者偏悲观的心理活动模式，对利好消息反应不敏感，这也提示我国监管部门在制定相关政策时，应充分考虑中国投资者心理变化的规律和特点，在市场情绪滑向非理性悲观时，应当逆周期调节，雪中送炭，呵护市场，保护投资者信心，减缓危机情绪波动的剧烈程度，促进中国证券市场平稳健康发展。在探究危机情绪波动特征之后，本书将进一步分析危机情绪的影响，为管理和分化危机情绪的相关研究打下基础。

第二节　危机情绪指数的影响效应

一、危机情绪的相互效应

根据上文所构建的中国股票市场机构投资者和个人投资者危机情绪指数，本书进一步研究两者之间的相互影响效应。机构投资者和个人投资者危机情绪指数的描述性统计如表 4-9 所示。

从表 4-9 可以看出，个人投资者危机情绪的最小值比机构投资者危机情绪的最小值小，最大值比机构投资者危机情绪的最大值大，说明个人投资者危机情绪的波动幅度更为剧烈。这一点从个人投资者危机情绪指数的标准差为 0.9981、机构投资者危机情绪指数的标准差为 0.7712 也可以得到证实。

表 4-9 机构投资者和个人投资者危机情绪指数描述性统计结果

	均值	中位数	最大值	最小值	标准差	偏度	峰度
$SISI_t$	0.0302	0.0381	2.2271	−2.1002	0.7712	0.1201	2.2077
$IISI_t$	−0.0476	−0.0278	3.5435	−3.9811	0.9981	−0.1321	2.9544

对于时间序列相互关系的研究，一般采用 Var 模型，但 Var 模型无法研究隐藏在误差项的同期关系，只能研究一般的滞后关系，对于机构投资者和个人投资者危机情绪来说，既可能存在同期的相互关系，又可能存在滞后期的相互关系，鉴于 Var 模型不能直观地解释两类危机情绪的相互关系，故本书采取 PDLs（多项式分布滞后模型）来检验两者之间的关系。在利用 PDLs 模型检验时，选取合适的滞后期是研究的关键，本书在遵循模型的 SC、AIC 准则的前提下，对于机构投资者危机情绪对个人投资者危机情绪的影响取滞后五期，对于个人投资者危机情绪对机构投资者危机情绪的影响取滞后三期，结果如表 4-10 所示。

表 4-10 PDLs 模型检验结果

	C	同期	(−1)	(−2)	(−3)	(−4)	(−5)	ar (1)	R^2
机构	0.005	0.659	0.417	−0.032	−0.022	−0.017	−0.001	0.252	0.774
个人	0.027	0.278	−0.023	−0.001	—	—	—	−0.715	0.816

从表 4-10 中的估计结果可以看出，当期和滞后一期的机构投资者危机情绪可以正向影响个人投资者危机情绪，滞后一期之后的机构投资者危机情绪对个人投资者危机情绪基本没有影响，当期的个人投资者危机情绪可以微

弱正向影响机构投资者危机情绪，当期滞后的个人投资者危机情绪对机构投资者危机情绪基本无影响。研究结果表明，当期机构投资者情绪乐观时，这种乐观会传递给个人投资者，表现出机构投资者的引领作用，这也与我国股票市场的现实情况相符，我国股票市场的行情历来都是机构投资者发动的，机构投资者点燃市场之后，个人投资者情绪随之被点燃，但机构投资者危机情绪很少受个人投资者危机情绪的影响，从研究结果也可以看出，无论是当期还是滞后期，个人投资者危机情绪对机构投资者危机情绪影响的回归系数均不显著。这种结果也有可能与双方资源不对等有关，机构投资者具备资金规模、技术手段和信息的优势，这种优势令机构投资者成为个人投资者的“跟踪者”，因此，理性的投资机构可以成为市场的稳压器，引导广大中小投资者理性投资、遏制投机，促进证券市场规范、稳健、高效地运作。

二、危机情绪的宏观影响效应

在投资者情绪的存在性以及情绪变化构成资产定价系统性的噪声交易者风险得到广泛认同之后，学者也转向于投资者情绪与股票收益、市场波动之间的关系研究。关于投资者情绪与股票收益、市场波动之间的关系研究较多，本书前文已做详细梳理，接下来将实证检验危机情绪与股票收益、市场波动的影响效应。

（一）危机情绪与股票收益

1. 互相关图检验

在详细分析危机情绪与股票收益之间的关系之前，使用简单的互相关图分析（Cross-correlogram）来探究危机情绪与股票收益之间是否存在较强的关系。本书以上证综指收益率作为市场整体股票收益率，图 4-1 是两者的互相关图，横坐标是上证综指收益率的滞后和提前量，纵坐标是两者的相关系数。

从图中可以看出，在短滞后期中，上证综指收益率与危机情绪存在较强的相关关系，即过去的股票收益与危机情绪在短期内存在较强的正相关性；而在长滞后期中，上证综指收益率与危机情绪相关性不强，即过去的股票收益与危机情绪在长期内不存在较强的相关关系。在短提前期和长提前期内，危机情绪与上证综指收益率的相关性都不强，即危机情绪与股票收益长期内不存在显著关系。因此，本书分别提出以下假设：

假设1：过去的股票收益短期内会显著影响危机情绪，即过去高（低）的股票收益率导致现在正向（负向）的危机情绪；

假设2：危机情绪短期内不会显著影响未来的股票收益，即危机情绪的正向（负向）与未来股票收益率的关系不明显；

假设3：过去的股票收益与危机情绪不存在长期的相关关系；

假设4：危机情绪与未来股票收益在长期中也不存在相关关系。

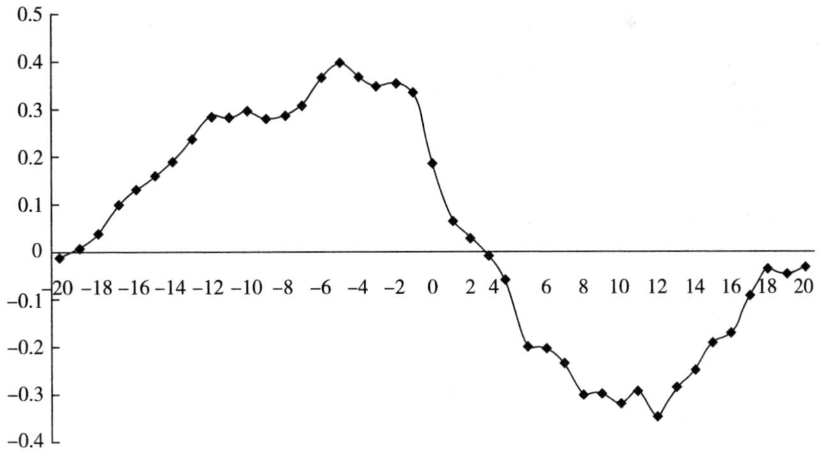

图4-1　危机情绪与上证综指收益率的互相关图

2. 单位根检验

首先，利用ADF方法对于危机情绪进行单位根检验，结果如表4-11所示。ADF检验结果表明，在25%的显著性水平下，不拒绝原假设，即危机情绪存在单位根，是不平稳的。对于危机情绪在一阶差分下再进行ADF检验，表4-11结果表明拒绝原假设，说明一阶差分下的危机情绪不存在单位根，即ISI~I（1）。

其次，利用ADF方法对上证综指收益率进行单位根检验，从表4-12中可以看出，ADF检验结果表明拒绝原假设，说明上证综指收益率不存在单位根，即RETURN~I（0）。

由此可以发现，危机情绪是I（1），而上证综指收益率是I（0），即两个时间序列并不在同一阶单整，因此，本书得出危机情绪与上证综指收益率不存在长期相关关系，即假设3和假设4成立。

表4-11　危机情绪ADF检验

		水平值		一阶差分值	
		t-Statistic	Prob. *	t-Statistic	Prob. *
Augmented Dickey-Fuller test statistic		-2.067163	0.2584	-9.793285	0.0000
Test critical values:	1% level	-3.501445		-3.502238	
	5% level	-2.892536		-2.892879	
	10% level	-2.583371		-2.583553	

表4-12　上证综指收益率ADF检验

		t-Statistic	Prob. *
Augmented Dickey-Fuller test statistic		-4.967283	0.0001
Test critical values:	1% level	-3.502238	
	5% level	-2.892879	
	10% level	-2.583553	

3. VAR 模型分析

为了探究两者之间是否存在短期的动态相关关系，本书建立两者的 VAR 模型，VAR 模型分析结果如表 4-13 所示，EViews 软件分别给出了系数估计值、估计系数的标准差（圆括号）及 t-统计量（方括号）。本书发现，滞后一期的上证综指收益率与危机情绪存在较强的相关关系，其中，t-统计量为 4.85995，符合显著性检验标准，未发现危机情绪与未来三期的收益率存在较强关系。因此，本书接受假设 1 和假设 2，即过去股票收益在短期内显著影响危机情绪，而危机情绪在短期内不影响未来股票收益。

表 4-13 危机情绪与上证综指 VAR 分析

	RET（-1）	RET（-2）	RET（-3）	ISI（-1）	ISI（-2）	ISI（-3）	C
RET	0.093965	0.247082	0.058101	-0.008484	0.009273	-0.004130	0.006538
	(0.11269)	(0.12436)	(0.12294)	(0.01812)	(0.02249)	(0.01726)	(0.01005)
	[0.83382]	[1.98682]	[0.47258]	[-0.46832]	[0.41241]	[-0.23925]	[0.65041]
ISI	3.382436	0.779324	-0.690706	0.731658	0.209512	-0.058953	-0.050330
	(0.69598)	(0.76804)	(0.75929)	(0.11189)	(0.13887)	(0.10661)	(0.06208)
	[4.85995]	[1.01469]	[-0.90968]	[6.53922]	[1.50870]	[-0.55298]	[-0.81071]

4. 格兰杰因果检验

为了再次检验危机情绪与股票收益在短期和长期内是否存在相关关系，本书利用格兰杰因果检验（Granger Causality Test）方法来验证所得出的结果。从表 4-14 的结果可以看出，在滞后期为一、二、三期时，过去股票收益在短期内是危机情绪的格兰杰原因，而危机情绪在短期内不是股票收益的格兰杰原因，即接受假设 1 和假设 2，相应地验证了 VAR 模型的结果。而在滞后期为十八、十九、二十期时，危机情绪和股票收益在长期中互不是格兰杰原因，即接受假设 3 和假设 4，相应地验证了 ADF 检验所得结果。因此，本书得出以下结论，在短期内，股票收益影响危机情绪，危机情绪不影响股票收益；在长期内，危机情绪与股票收益不存在显著相关关系。

表 4-14 危机情绪与上证综指格兰杰因果检验

Null Hypothesis:	滞后一期	滞后二期	滞后三期
	F-Statistic	F-Statistic	F-Statistic
RET does not Granger Cause ISI	22.0771***	12.4333***	8.10661***
ISI does not Granger Cause RET	0.18289	0.13149	0.13707
Null Hypothesis:	滞后十八期	滞后十九期	滞后二十期
RET does not Granger Cause ISI	1.46855	1.36923	1.20636
ISI does not Granger Cause RET	0.87425	0.78350	0.68988

注：表格中数值为 F 统计量，*** 为显著性水平 1%。

（二）危机情绪与市场波动

对于金融泡沫、股市震荡和市场走势波动的研读，一个直观、显著的感受是，危机情绪会影响市场波动，正向（负向）的危机情绪表示投资者对后市乐观（悲观），投资者会进行更多的交易，使交易量增加的同时导致市场波动加大。而从上证综指收益率和危机情绪的走势图中不难看出，危机情绪与市场股指走势具有较强的相关性，危机情绪的高涨程度会影响市场波动的剧烈程度。因此，本书提出假设 5 和假设 6。

假设 5：危机情绪短期内影响市场波动，即高涨的危机情绪会导致市场波动加剧；

假设 6：市场波动短期内也影响危机情绪，即剧烈的市场波动导致危机情绪高涨。

对于市场波动率的衡量有定性分析和定量分析两种方法，定性分析一般采用描述指数点位变化、股指振幅等方法，而定量分析一般采用 ARCH、VaR 等方法来确定波动率。本书在定性分析危机情绪与市场波动之间的关系之后，使用市场收益的广义自回归条件异方差（GARCH）来定义市场波动率，收益的条件异方差越大则说明市场波动也越大，这也是其他学者研究市场波动率最常见的方法。因此，本书定义的市场波动率 GARCH 模型计算公式为：

$$RET_t = \alpha_0 + \alpha_1 RET_{t-1} + u_t,\quad E(u_t \mid \Omega_t) = 0$$

$$var(u_t \mid \Omega_t) = \sigma_{ut}^2 = \beta_0 + \beta_1 u_{t-1}^2 + \beta_2 \sigma_{ut-1}^2 \tag{4-36}$$

本书利用 GARCH（1，1）模型估计上证综指收益率的异条件方差，通过 EViews 软件计算出的收益率异条件方差 GARCH01 记为 VOL，对于 VOL 序列进行 ADF 单位根检验。从表 4-15 可以看出，市场波动率在一阶差分下才是单整的，即 VOL~I（1），这与危机情绪指数一样。接着，对于市场波动率与危机情绪进行格兰杰因果检验，从表 4-16 可以看出，在短期内危机情绪影响市场波动，市场波动在短期内不影响危机情绪。因此，本书接受假设 5，拒绝假设 6，即危机情绪的高涨会导致市场波动的加剧；反之，市场波动的程度对危机情绪的高低没有影响。

表 4-15　市场波动率 ADF 检验

	水平值		一阶差分值	
	t-Statistic	Prob. *	t-Statistic	Prob. *
Augmented Dickey-Fuller test statistic	-1.581015	0.4882	-10.47560	0.0000
Test critical values:	1% level	-3.502238		-3.503049
	5% level	-2.892879		-2.893230
	10% level	-2.583553		-2.583740

表 4-16 危机情绪与市场波动格兰杰因果检验

Null Hypothesis：	滞后二期		滞后三期	
	F-Statistic	Probability	F-Statistic	Probability
VOL does not Granger Cause ISI	0.39000	0.67824	0.24716	0.86314
ISI does not Granger Cause VOL	2.88904*	0.06098	2.21124*	0.09277

注：*为显著性水平 10%。

通过 ADF 检验、VAR 模型分析和格兰杰因果检验对危机情绪与股票收益进行实证研究后发现，危机情绪与股票收益不存在长期相关性，在短期内，过去的市场收益会显著影响危机情绪，而危机情绪并不影响短期的股票收益，即证实了股票收益是危机情绪的重要影响因素。再通过 GARCH 模型、格兰杰因果检验方法对危机情绪与市场波动进行研究，发现危机情绪短期内影响市场波动，即在短期内危机情绪的高涨将推动市场波动的加剧，而市场波动并不显著引起危机情绪的变化，即危机情绪是市场波动的重要影响因素。

通过分析本书发现，过去的市场收益在短期内是危机情绪的重要影响因素，而危机情绪是引起市场波动的重要因素，这对于投资者、相关团体具有重要的启示作用。尤其是，处于转型期的中国政策制定相关部门在政策推出、制度建设和相关监管时，应避免推出的政策使股票收益显著变化，进而影响危机情绪，加剧证券市场的波动，最终导致证券市场大起大落。如果不能做到这一点，将不利于金融市场的健康稳定，最终影响经济平稳快速发展。

三、危机情绪的微观影响效应

（一）危机情绪对金融股的影响效应

在揭示危机情绪宏观影响效应的基础上，本书感兴趣的是危机情绪微观层面影响效应的机制原理，例如，银行作为金融业的核心部门，是我国金融系统的重要组成部分，掌握着国民经济的资金命脉。但与其他行业相比，在中国经济基本面和银行各项指标都较为稳健的背景下，长期以来资本市场给银行股的定价一直处于我国股票市场的最低位置。如今已有大量文献研究证明，投资者错误的信息理念会导致资产价格与价值的偏离（De long et al.，1990）。对于银行股来说，不良的金融信息和嘈杂的市场信号会对投资者造成巨大的负面影响，亦可能会导致银行挤兑或投资者的退出（Gandhi and Lustig，2015）；Wisniewski 和 Lambe（2013）等研究发现，美国金融市场上存在一种非理性的危机心理影响了银行、保险等金融行业股票的收益率。在中国资本市场，是否也长期存在这种非理性的危机心理影响了银行股的定价以及收益率？因此，本章的思路是从金融股与非金融股两个方面探究危机情绪对资产收益率的微观影响机制。

本书利用面板回归模型研究市场危机情绪和个股危机情绪对银行股票收益率的影响，将银行股票收益率作为因变量，使用时间固定效应模型进行多组面板数据的回归分析。为了减少由异方差性和序列相关性引起的可能偏差，利用聚类方法修正模型误差，考虑到银行股票收益也会影响危机情绪，选择滞后一期的回归结果进行分析，即研究当前市场危机情绪能否预测或影响下一周银行股票收益率。除此之外，为了更好地研究危机情绪在不同时期以及不同样本的影响效应，将全部样本划分为三组：危机时期、正常时期和全样本时期。危机时期包括两个时间段：2015 年 6 月至 2016 年 6 月的“股灾”时期、2018 年 1～12 月的股权质押危机时期，在这两个时期中国股市整体跌幅均超过 30%，从学术标准上看，是单一的市场危机（吴晓求，2016）；正常时期包括 2011 年 1 月至 2015 年 5 月、2016 年 7 月至 2017 年 12 月。

表 4-17　面板数据回归结果

指标	全样本		危机时期		正常时期	
	(1)	(2)	(1)	(2)	(1)	(2)
GCSI	-0.0403* (0.054)	—	-0.0211* (0.082)	—	-0.0554* (0.076)	—
SCSI	—	-0.0028* (0.071)	—	-0.0024* (0.060)	—	-0.0037* (0.082)
Assets	-0.0611** (0.011)	-0.0499*** (0.000)	-0.0421** (0.037)	-0.0144** (0.004)	-0.0710** (0.011)	-0.0509*** (0.002)
ROE	0.0335* (0.062)	0.0298** (0.041)	0.0451* (0.077)	0.0298** (0.032)	0.0300* (0.060)	0.0298** (0.025)
PB	-0.0200* (0.078)	-0.0304* (0.063)	-0.0107* (0.066)	-0.0224* (0.073)	-0.0107* (0.090)	-0.0222* (0.070)
Leverage	-0.0008* (0.089)	-0.0017 (0.289)	-0.0008* (0.089)	-0.0034 (0.123)	-0.0008* (0.089)	-0.0026 (0.217)
Loan-to-deposit	0.0036 (0.901)	0.0054 (0.862)	0.0051 (0.151)	0.0023 (0.706)	0.0028 (0.680)	0.0033 (0.390)
capital adequacy	0.0010* (0.059)	0.0007 (0.183)	0.0020** (0.021)	0.0004 (0.234)	0.0010*** (0.000)	0.0011 (0.321)
Core capital adequacy	0.0016** (0.021)	0.0033* (0.030)	0.0014*** (0.001)	0.0027* (0.021)	0.0009** (0.041)	0.0065* (0.077)
provision coverage	0.0421*** (0.000)	0.0350** (0.018)	0.0210** (0.019)	0.0100** (0.039)	0.0499* (0.076)	0.0261* (0.065)
bad loans	-0.1522** (0.033)	-0.1114* (0.070)	-0.0914* (0.082)	-0.0810* (0.069)	-0.1400** (0.014)	-0.1001*** (0.000)
Z	-0.0076* (0.090)	-0.0027* (0.025)	-0.0044* (0.078)	-0.0027* (0.066)	-0.0063* (0.094)	-0.0057* (0.080)
银行固定效应	YES	YES	YES	YES	YES	YES
时间固定效应	YES	YES	YES	YES	YES	YES
R-squared	0.425	0.397	0.511	0.503	0.550	0.499

注：***、**、*分别代表该变量在1%、5%、10%的水平下显著。

根据表4-17，无论是危机时期、正常时期还是全样本时期，市场的危机情绪GCSI和个股危机情绪SCSI对银行股收益均有负面影响，即较高水平的市场危机情绪或个股危机情绪预示下一周较低的银行股票收益率，但在危机时期，这种非理性情绪对银行股收益率的影响减弱。这与已有的研究结论相符，Gandhi和Lustig（2015）研究发现，在金融危机时期，市场对银行存在“大而不能倒”的预期，这种预期影响了银行股票的收益率。银行作为我国金融业的支柱与核心，在金融体系的地位异常重要，因此，市场上也可能存在“大而不能倒”的政府隐性担保预期，除此之外，由于银行股长期估值低、在指数中比重较大，经常成为监管部门救市的买入对象，这种救市预期在危机时期干扰了市场非理性情绪对银行股票收益率的影响。与危机时期相比，在正常时期，危机情绪对银行股收益率的影响有所增强，表明银行股长期受到危机情绪这种非理性因素的影响，所以收益率较低，也反映了投资者对我国银行等金融机构长期持有偏悲观或负面看法，这种看法在危机时期会受到“政府救市”预期的干扰，降低对银行股票收益率的影响。

与市场危机情绪相比，个股危机情绪SCSI无论在危机时期还是正常时期对于银行股收益的影响都较为微弱，个股危机情绪可能无法很好地预示银行股票收益。对于控制变量，银行资产规模、市净率、杠杆率、不良资产率、破产风险Z值对于银行股票收益率具有负面影响，这与现有研究结果一致，Beltratti和Stulz（2012）发现，在金融危机中，低不良率、低杠杆率的银行股相对表现更好。而净资产回报、资本充足率、核心资本充足率、拨备覆盖率对银行股收益具有正面影响，这说明不同的银行特征对于银行股收益率具有一定的影响，接下来将进一步探讨哪些银行更易受到危机情绪的影响。

（二）危机情绪对于不同特征金融股的影响

为了更好地研究不同特征银行受到的危机情绪的影响，本书根据银行特征不同将样本数据分为以下三组：第一组，按照资产规模大小，分别取排名前25%和后75%的银行样本；第二组，按照盈利能力，分别取净资产收益率排名前25%和后75%的银行样本；第三组，按照风险度，分别取银行破产风险Z值排名前25%和后75%的银行样本。视 Crisis 为虚拟变量，将危机时期2015年6月至2016年6月、2018年1~12月设定为1，其他时间设置为0，分别对以上面板数据进行回归，结果如表4-18所示。

表4-18　危机情绪对不同银行特征影响的回归结果

	前25%	后25%	前25%	后25%	前25%	后25%
第一组						
GCSI	-0.0093** (0.054)	-0.0505* (0.082)	—	—	—	—
SCSI	—	—	-0.0007 (0.071)	-0.0010* (0.060)	—	—
SCSI×Crisis	—	—	—	—	-0.0300 (0.060)	-0.0109* (0.025)
第二组						
GCSI	0.0023* (0.054)	0.0030* (0.071)	—	—	—	—
SCSI	—	—	0.0017 (0.082)	0.0044* (0.077)	—	—
SCSI×Crisis	—	—	—	—	-0.0314 (0.144)	0.0298* (0.090)
第三组						
GCSI	-0.0042* (0.078)	-0.0001* (0.066)	—	—	—	—
SCSI	—	—	-0.0013 (0.778)	-0.0322 (0.191)	—	—
SCSI×Crisis	—	—	—	—	0.0002 (0.760)	0.0127** (0.042)
银行固定效应	YES	YES	YES	YES	YES	YES
时间固定效应	YES	YES	YES	YES	YES	YES

注：***、**、*分别代表该变量在1%、5%、10%的水平下显著。

根据表 4-18，第一组中，资产规模大的银行的收益率受危机情绪的影响较小，资产规模排名靠后的银行的收益率受到危机情绪的影响较大，这进一步证明了上文的观点，即市场在危机时期存在“大而不能倒”的政府隐性担保预期；第二组中，净资产收益率高的银行受危机情绪的影响较小，净资产收益率排名后 25%的银行更容易受到市场危机情绪和个股危机情绪的影响，这表明对于银行股，良好的业绩表现可以缓解危机情绪的影响；第三组中，破产风险值高的银行更容易受市场危机情绪的影响，破产风险值低的银行受危机情绪影响较小。综上所述，不同特征的银行的收益率受危机情绪的影响也不同，规模大、投资回报高、破产风险小的银行受危机情绪影响的程度较小。

（三）危机情绪对非金融股的影响

上述研究证明了危机情绪可以影响我国银行股的收益率，但在危机时期，“大而不能倒”等政府隐性担保救市预期的存在降低了危机情绪的影响。本书感兴趣的是，这种政府救市预期对非金融类企业是否也存在类似的影响效应。国外学者研究发现，在金融危机期间，非金融企业不存在国家担保以及类似“大而不能倒”的市场预期（Oliveira et al.，2014）。基于此，本书进一步验证危机情绪对我国非金融类企业股票收益率的影响。研究对象选择中证 1000 指数成份股作为非金融类企业代表，中证 1000 指数是由规模偏小且流动性好的 1000 只股票组成，综合反映我国 A 股市场中一批中小市值公司的股票价格表现，实证结果如表 4-19 所示。

由表 4-19 可以看出，与银行类股票一样，非金融企业的资产规模、市净率、杠杆率都与收益率成反比，净资产收益与收益率成正比。除此之外，银行股和非金融类企业的收益率均受危机情绪的影响，与金融股相比，非金融企业收益率受市场危机情绪的影响程度较大，但个股危机情绪对非金融类企业的影响效果不显著，表明非金融企业的收益率主要受到市场整体危机情绪的影响而非个股危机情绪影响。另外，与在危机时期银行股收益率受到危机情绪影响减弱不同，危机时期非金融企业收益率受到市场危机情绪的影响增强，这表明在危机时期，非金融企业不存在政府救市预期或政府救市预期影响不明显，因此更容易受到噪声交易者的影响，是市场不稳定的源泉。

表 4-19　危机情绪对非金融企业的影响对比

指标	银行				非金融企业			
	全样本	全样本	危机期	危机期	全样本	全样本	危机期	危机期
GCSI	-0.0511* (0.066)	—	-0.0323** (0.043)	—	-0.0676* (0.080)	—	-0.0811* (0.067)	—
SCSI	—	-0.0151* (0.071)	—	-0.0242* (0.060)	—	-0.0038 (0.398)	—	-0.0157 (0.670)
Assets	-0.0700** (0.011)	-0.0522* (0.000)	-0.0867** (0.037)	-0.0943** (0.004)	-0.0333** (0.011)	-0.0421*** (0.000)	-0.0440* (0.077)	0.0513** (0.040)
ROE	0.0478* (0.062)	0.0260* (0.041)	0.0501*** (0.000)	0.0411*** (0.000)	0.0278* (0.076)	0.0108** (0.033)	-0.0339* (0.086)	0.0200** (0.042)
PB	-0.0330* (0.078)	-0.0412* (0.063)	-0.0220* (0.066)	-0.0308* (0.073)	-0.0111* (0.090)	-0.0065 (0.391)	-0.0234* (0.011)	0.0001 (0.701)
Leverage	-0.0014* (0.069)	-0.0002 (0.366)	-0.0020* (0.073)	-0.0025 (0.489)	0.0008 (0.209)	-0.0045 (0.466)	-0.0003 (0.401)	0.0290 (0.336)
银行固定效应	YES	YES	YES	YES	YES	YES	YES	YES
时间固定效应	YES	YES	YES	YES	YES	YES	YES	YES
R^2	0.441	0.402	0.455	0.378	0.432	0.465	0.405	0.412

注：***、**、*分别代表该变量在1%、5%、10%的水平下显著。

（四）稳健性检验

为了保证研究结果的稳健性，本书通过以下方法进行稳健性检验：一是变换危机情绪的计算方法，由主成分分析法变为取各个词条的平均数；二是调整银行特征的变量，加入总市值、银行市盈率、总资产收益率、净利率等指标；三是考虑到动态面板数据内生性的问题，本书采用 SYS-GMM 模型削弱研究中内生性问题的影响。检验结果如表 4-20 所示，可以看出与本书主要研究结论基本一致。

表 4-20 稳健性检验结果

指标	全样本		危机时	
	(1)	(2)	(1)	(2)
GCSI	-0.0227** (0.025)	—	-0.0302** (0.042)	—
SCSI	—	-0.0068 (0.546)	—	-0.0006* (0.791)
总市值	-0.0322* (0.078)	-0.0101** (0.032)	-0.0399* (0.077)	-0.0179* (0.081)
PE	0.0015* (0.080)	0.0020 (0.559)	0.026** (0.040)	0.0338 (0.707)
ROA	0.0300** (0.027)	0.0116* (0.086)	0.0366* (0.078)	0.0553 (0.340)
净利率	0.0011* (0.090)	0.0018 (0.600)	0.0020* (0.071)	0.0020 (0.674)
样本观测值	357	357	357	357
银行固定效应	YES	YES	YES	YES
时间固定效应	YES	YES	YES	YES
R^2	0.388	0.401	0.422	0.470

注：***、**、*分别代表该变量在 1%、5%、10%的水平下显著。

第三节 本章小结

本章研究了危机情绪的波动特征和影响效应。

首先，从波动特征上看，中国机构投资者和个人投资者危机情绪的波动均呈现波动聚集、尖峰厚尾、持续性以及非对称性等特征，无论是机构投资者还是个人投资者都极易受到“坏消息”影响，且危机情绪波动剧烈，在考虑情绪突变点之后，会加大危机情绪存在波动的持续性。

其次，从宏观影响效应看，与现有研究类似，在短期内过去的市场收益会显著影响危机情绪，即证实股票收益是危机情绪的重要影响因素。再通过GARCH模型、格兰杰因果检验方法对危机情绪与市场波动进行研究，发现危机情绪短期内影响市场波动，是市场波动的重要影响因素。

本章继续把危机情绪的影响深入到微观层面，通过研究发现，危机情绪是压制我国银行股收益率的重要因素，这也解释了在经济基本面和银行各项指标都较为稳健的情况下，银行资产定价与收益率共同出现背离的原因。但在危机时期，由于受到“政府隐性担保”“政府救市”预期的影响，银行股收益率受危机情绪的影响程度减弱，但对于非金融企业来说，由于“政府救市”预期较弱，在危机时可以较为真实地反映市场的危机心理状态。

第五章　监管部门直接干预对危机情绪的影响机理研究

近年来，金融市场和实体经济震荡异频失序的现象明显增多。2015 年，中国 A 股市场先后发生了三次大规模的崩盘事件，半年时间股指下跌 49%，市值蒸发约 36 万亿元，2016 年“熔断”、2018 年股权质押危机、2019 年中美贸易摩擦、2020 年新冠肺炎疫情冲击，在这些危机中，监管部门频频进行干预，与国外政府较为多样化的救市手段不同，中国金融市场尚未成熟，主要由缺乏经验的个人投资者组成，在危机时期，中国监管部门更多采用直接救市的方式，如买入式干预遏制投资者的非理性恐慌。本章将对监管部门买入式干预和沟通式干预的影响效应进行研究，揭示监管部门直接干预对危机情绪的影响机理。

第一节　买入式干预对危机情绪影响效应检验

2015~2016年，中国A股市场先后发生了三次大规模的崩盘事件，半年时间股指下跌49%，市值蒸发约36万亿元，连续崩盘引发了市场恐慌，极大地摧毁了参与者的信心。为了稳定市场预期、维护金融体系的整体安全，中国政府推出了救市措施，其中引人注目的是，以证金、汇金以及证金资管为代表的监管部门直接进入二级市场买卖股票，包括沪深主板、中小板以及创业板股票，根据东方财富Choice数据统计，从2015年第四季度报告的持股情况来看，监管部门共计持有1301只股票，占当时沪深A股上市公司总数的38.76%，持股市值达3.94万亿元，持股占比为1.364%，2015~2020年，监管部门持股占比均在1%以上。尽管很多学者认为，政府的直接买入式干预只能短期降低危机所带来的损害，并不能从实质上解决问题，反而可能引发道德风险，降低市场质量（Frino et al.，2011；Duchin and Sosyura，2014）。但无论学术如何争论，OECD成员国政府采用买入式干预的形式来调节市场的现象越来越常见（Brunnermeier et al.，2017）。2015~2016年中国股灾期间、2018~2019年股市异常波动期间，中国政府积极干预股市运行并成立监管部门直接参与股票二级市场交易，买入金额超过万亿元人民币。Su等（2002）以及Barbon和Gianinazzi（2018）的研究均表明，政府的注资行为能够推动股票价格上涨，缓解市场风险；Boulton和Braga-Alves（2011）、Frino等（2011）发现，危机期间的卖空禁令在短期内对稳定资产价格起到了积极作用，缓解了危机的扩张和蔓延；Brunnermeier等（2017）认为，政府直接与噪声交易者进行交易能够为市场提供流动性，起到稳定市场的作用。针对买入式干预，中国学者的研究集中在利用事件分析法研究监管部门买入行为对股市的影响，研究结果表明，监管部门买入式救市的政策事件对市场具有一定短期影响效应（贺立龙等，2017）。本书感兴趣的是，由于中国政府在国内的绝对权威性，面对股市危机时，监管部门的买入式行为是否有效？能否缓解投资者的恐慌心理？哪些特征的股票更容易受政府救市的影响？目前关于中国政府救市的研究文献并不多见，鉴于此，本书利用中国 A 股市场数据，研究股市危机期间中国政府直接救市行为对投资者心理的影响及其内在机制。本书的研究有助于揭示中国政府救市行为对市场稳定的影响，总结中国金融市场实践的经验和不足，也有助于了解中国政府在危机时刻管理、干预金融市场的方式和效果。

一、研究设计

（一）尾部系统风险的度量

在衡量系统性风险的指标中，传统的 Beta 系数和条件 Beta 系数均假设资产收益率服从正态分布，难以准确描述非正态分布随机变量的相关性和极端市场情形下的系统风险（Embrechts et al.，2002），与此相比，尾部系统风险具有多方面的特点和优势：首先，尾部系统风险考虑到了单个资产和市场收益率的尾部分布，以单个资产和市场的极值相关性为基础，可以更加准确地度量危机时期个股的系统风险。其次，在市场危机爆发和蔓延的过程中，尾部风险是影响资产价格的重要因素（Van Oordt and Zhou，2016），尾部系统风险强调极端尾部事件的重要性，关注个股与市场收益率的协同关系，更加符合危机时期的风险管理要求。最后，Chabi-Yo 等（2018）指出，极端尾部事件往往导致投资者财富大幅缩水，投资者存在崩盘厌恶（Crash Aversion），会对那些危机时更容易随大盘暴跌的股票有更高的风险补偿要求。条件 Beta 系数虽然从广义上度量了下行系统风险，但是忽略了投资者的崩盘厌恶，不符合危机时期投资者的目标和约束条件。

本书基于 Patton（2006）提出的 Symmetrized Joe-Clayton Copula（SJC Copula）函数，通过极值相关性来度量股价的尾部系统风险。根据 Copula 函数的定义，两个变量的联合分布可以表示为每个变量边缘分布的函数，即

$$F_{XY}(x, y)=C[F_X(x), F_Y(y)] \tag{5-1}$$

Copula 函数的一个重要特性就是可以用来刻画尾部极值相关性。SJC Copula 函数是 Patton（2006）在 JC Copula 函数的基础上，修正了分布函数的不对称性。记 $p=F_X(x)$，$q=F_Y(y)$，SJC Copula 函数的具体形式为：

$$C_{SJC}(m, n \mid u^m, u^n)=\frac{1}{2}[C_{JC}(m, n \mid u^m, u^n)+C_{JC}(1-m, 1-n \mid u^m, u^n)+m+n-1] \tag{5-2}$$

其中，C_{JC} 为 JC Copula 函数，定义如下：

$$C_{JC}(m, n \mid u^m, u^n)=1-\{[1-(1-m)^k]^{-\theta}+[1-(1-n)^k]^{-\theta}-1\}^{\frac{-1}{\theta k}} \tag{5-3}$$

其中，$k=\frac{1}{\log_2(2-u^m)}$，$\theta=\frac{-1}{\log_2(u^n)}$。两个参数 $u^m \in (0, 1)$ 和 $u^n \in (0, 1)$ 是左尾和右尾部极值相关性的度量，定义如下：

$$u^m=\lim_{\alpha\to 0}P[M\leqslant\alpha \mid N\leqslant\alpha]=\lim_{\alpha\to 0}P[N\leqslant\alpha \mid M\leqslant\alpha]=\lim_{\alpha\to 0}\frac{C(\alpha, \alpha)}{a} \tag{5-4}$$

$$u^n=\lim_{\varepsilon\to 1}P[M>\varepsilon \mid N>\varepsilon]=\lim_{\varepsilon\to 1}P[N>\varepsilon \mid M>\varepsilon]=\lim_{\varepsilon\to 1}\frac{1-2\varepsilon+C(\varepsilon, \varepsilon)}{1-\varepsilon} \tag{5-5}$$

其中，u^m 和 u^n 均为条件概率，分别表示变量 N 取值趋近于左极限和右极限时变量 M 取值也趋近于极限的概率，u^m 和 u^n 取值越大，说明极值相关性越强，如果变量 M 和 N 分别表示大盘指数的收益率和单只股票的收益率，

那么 u^m 和 u^n 就可以分别看成个股随大盘暴跌和暴涨的条件概率。

参考 Patton（2006）的方法，把个股收益率和大盘指数收益率序列 X_i 和 Y_i 设定为经验分布函数 m 和 n，然后根据式（5-2）和式（5-3）通过极大似然法得到 k 和 θ 的估计值，进而求出 u^m 和 u^n 的估计值，得到个股和大盘指数收益率序列的左尾和右尾极值相关性的估计值。

（二）检验模型与数据来源

在 Brunnermeier 等（2017）和李志生等（2019）研究的基础上，设计多元回归模型进行实证检验：危机时期监管部门买入式干预如何影响投资者危机情绪？对于不同特征的股票是否具有不同的影响效应？监管部门买入式干预是否会催生不同的市场预期？2015 年 6 月 15 日 A 股市场开始出现暴跌和异常波动。2015 年 7 月初，以证金公司为代表的监管部门开始强势入市干预，因此在设计模型时，把上市公司分为被监管部门持有的实验组和未被监管部门持有的对照组。考虑监管部门买入股票是分时动态进行的，对上市公司构成时间交错的外部冲击，因此，本书使用以下多时点回归模型进行估计：

$$SCSI_{i,t}=a+\beta_1 Bailout_{i,t-1}+\beta_2 Ctrl_{i,t-1}+\delta_i+\delta_t+\varepsilon_{i,t} \quad (5-6)$$

$$u_{i,t}=a+\beta_1 Govern_{i,t-1}+\beta_2 Ctrl_{i,t-1}+\delta_i+\delta_t+\varepsilon_{i,t} \quad (5-7)$$

其中，被解释变量 $SCSI_{i,t}$ 是公司 i 在第 t 季度的个股投资者情绪，$Bailout_{i,t-1}$ 是公司 i 在第 t-1 季度监管部门持股虚拟变量，对于监管部门持有的股票，$Bailout_i$ 取值为 1，否则取值为 0，$Govern_{i,t-1}$ 是公司 i 在第 t-1 季度监管部门持股比例，表示监管部门季度末持股金额与个股流通市值的比值，$Ctrl_{i,t-1}$ 是控制变量，δ_i 为个体固定效应，δ_t 为季度时间固定效应，$\varepsilon_{i,t}$ 为个体聚类稳健标准误。

参考已有研究，本书回归分析的控制变量 $Ctrl_{i,t-1}$ 包括股票收益率（Return）、波动率（Volatility）、市盈率（PE）、净资产收益率（ROE）、其他机构持股比例（Sroi）、消费者信心指数（ICC），同时，为了避免双向因果关系，将所有解释变量和控制变量滞后一期。为了验证结果的稳健性和缓解内生性问题，除了上述回归，本书还采用倾向得分匹配和双重差分法、工具变量和二阶段最小二乘法等方法检验监管部门持股对个股危机情绪的影响。

在数据来源和样本选择方面，由于2015~2017年、2018~2019年、2020年A股市场开始出现暴跌和异常波动，以证金公司、汇金公司为代表的监管部门开始强势入市，因此监管部门持股数据最早出现于2015年第三季度。本书以2015年第三季度至2016年第四季度、2018年第三季度至2019年第四季度、2020年第一季度所有A股上市公司为研究对象，其中监管部门持股数据和机构投资者数据来源于Wind数据库，股票市场交易数据、公司财务数据以及融资融券数据均来自CSMAR数据库。根据Wind数据库的统计，监管部门包括证金公司、汇金公司、证金公司资管计划、证金公司定制基金以及国家外汇管理局旗下投资平台五个部分，所持股票全部为流通股。

本书对样本进行如下筛选或处理：①由于涨跌幅限制等方面的差异，剔除样本期间被ST以及退市等特殊处理的公司样本；②为了避免观测值太少而影响相关季度指标的计算，剔除单个季度交易日不足20天的公司样本；③为了避免极端值的影响，本书对所有连续变量进行了1%和99%分位的Winsorize缩尾处理。经过上述处理，政府救市直接效应模型最终得到13112个公司季度观测样本，政府救市间接效应模型最终得到22312个公司季度观测样本。

根据表5-1主要变量的描述性统计结果，样本期间监管部门持股虚拟变量Bailout值为0.394，说明样本期间有39.4%的股票被监管部门持有，且监管部门平均持股比例Ctrl为1.1%。监管部门持股的个股危机情绪指数平均值为-0.257，市场整体危机情绪为-0.678，说明监管部门持股的个股平均危机情绪更低。

表 5-1 各变量的统计描述

指标	Mean	Min	Max	Stdev	N
GSCSI	-0.678	-0.045	0.996	0.257	22312
SCSI	-0.257	-0.016	0.983	0.301	22312
Bailout	0.394	0.000	1.000	0.375	22312
Govern	1.103	0.000	11.711	2.274	22312
PB	1.615	0.638	100.738	1.375	22312
Return	0.063	-3.024	10.000	0.496	22312
Turnover	4.018	0.190	6.162	3.922	22312
Volatility	4.596	9.900	19.650	1.762	22312
ROE	4.790	-17.010	25.050	5.344	22312
Sroi	39.102	0.000	87.390	22.394	22312
ICC	97.312	89.000	113.112	5.441	22312

二、实证检验

（一）监管部门买入式干预对危机情绪的影响

本部分采用回归分析方法，研究监管部门持股对个股危机情绪的影响，并通过匹配—双重差分等方法控制内生性等问题，对研究结果进行稳健性检验。

1. 回归结果及稳健性分析

基于模型（5-6），在控制其他因素的影响后，研究监管部门持股对危机情绪的影响。表 5-2 报告了回归结果，第 1～第 4 列结果表明，监管部门持股缓解了个股危机情绪，解释变量 Bailout 和 Govern 对个股危机情绪的回归系数分别为-0.032 和-0.787，在 1%水平下显著，表明监管部门买入式干预在市场暴跌中缓解了投资者危机情绪，起到了稳定投资者信心的作用。从经济意义的角度来看，监管部门持股的市场效应约等同于个股危机情绪单个标准差的10.63%，监管部门持股比例每增加一单位标准差，个股危机情绪降低9.82%的标准差，经济效应较为明显；在非危机时期，监管部门持股对个股危机情绪的影响不显著，说明市场危机过后，随着股价剧烈波动的逐渐缓解，市场自身的稳定机制开始发挥作用，监管部门持股稳定市场信心的作用则难以显现。这些结果表明，不同时期监管部门持股对个股危机情绪的影响存在差异，监管部门持股的作用主要发生于危机时期。考虑到监管部门持股的资金成本以及可能存在的道德风险，监管部门在市场恢复稳定后应该选择逐步退出市场。

表5-2　回归结果

	危机时期		非危机时期	
Bailout	-0.032*** (-6.336)	—	-0.022 (-1.675)	—
Govern	—	-0.787*** (-7.125)	—	-0.311 (-4.446)
GCSI	-1.414** (-7.125)	-1.221** (-5.332)	-1.312* (-6.278)	-1.011** (-2.653)
Return	-4.687** (-9.431)	-3.425** (-7.206)	-4.409* (-3.361)	-3.074* (-5.002)
Volatility	0.917** (2.105)	-0.826** (-3.116)	-0.772* (-3.129)	-0.963** (-2.567)
PE	-0.787 (-1.332)	-0.011** (-0.780)	-0.132 (-1.501)	-0.411 (-0.676)
ROE	0.069** (1.991)	0.075** (2.090)	0.073 (2.102)	0.080* (2.404)
Sroi	-0.167** (-6.672)	-0.133** (-3.589)	-0.185 (-7.115)	-0.144 (-3.278)
ICC	-0.002 (0.577)	-0.002** (4.116)	-0.008 (0.367)	-0.003 (-5.201)
固定效应	Yes	Yes	Yes	Yes

续表

	危机时期		非危机时期	
季度效应	Yes	Yes	Yes	Yes
N	22312	22312	22312	22312
R^2	0.497	0.304	0.481	0.292

注：***、**、*分别代表该变量在1%、5%、10%的水平下显著。

2. 内生性问题

本书研究的样本区间为2015年第三季度至2016年第四季度，2018年第三季度至2019年第二季度，两个时间段的市场特征不同，检验结果较为稳健。同时，监管部门持有过和未持有过的股票在公司特征和股票价格特征上的差异仍可能对结果产生影响。为了缓解监管部门持股偏好带来的内生性问题，采用匹配—双重差分法对监管部门于2015年第三季度首次进入的处理效应进行研究，将监管部门于2015年第三季度买入的样本设为实验组，其余股票设为控制组，根据前文所设的控制变量，利用Logit回归计算倾向得分，并按照一对一匹配的原则，最终得到932对实验组和控制组。

表5-3　匹配—双重差分结果

	Bailout			Control			Diff-in-Diff
	Before	After	Diff	Before	After	Diff	
SCSI	0.720	0.745	0.044**	0.623	0.713	0.322**	-0.065**
u	0.252	0.461	0.038**	0.447	0.601	0.261**	-0.047**

注：***、**、*分别代表该变量在1%、5%、10%的水平下显著。

表5-3表明，监管部门首次进入对个股危机情绪的双重差分差异为-0.065，在5%的水平下显著，这进一步验证了检验结果的稳健性。

3. 负面效应

很多研究指出，危机时期政府对市场的干预虽然可能在短期内取得成效，但也可能引发道德风险、产生价格扭曲、降低市场信息效率（Frino et al.，2011；Duchin and Sosyura，2014；Brunnermeier et al.，2017）。Easley 和 O'Hara（1992）指出，知情交易者可能为其他投资者带来逆向选择成本。监管部门作为有政府背景的交易型基金，在宏观经济政策和市场信息的获取能力上具有优势和权威性，属于典型的知情交易者，其交易行为不仅可能会影响市场有效性及其功能的发挥，也可能会导致个人投资者盲目模仿，引发羊群效应。为了加深对监管部门救市效应的理解，提供更加全面的政策参考，本书从定价效率和羊群效应两方面对监管部门持股的负面效应进行分析。参考 Durnev 等（2003）的方法，将股票日收益率对市场和行业收益率回归的校正决定系数进行对数变换，得到股价同步性指标（SYNCH）来衡量定价效率；参考 Li（2010）的方法，将个股收益率与股票组合收益率的横截面绝对偏离度作为衡量羊群效应的指标。

将 CSAD 与 SYNCH 作为被解释变量，分别代入式（5-6）中，对模型进行估计，结果如表 5-4 所示。结果表明，监管部门持股对羊群效应指标和股价同步性的回归系数分别为 5.917 和 2.922，均在 5%的水平下显著为正。由此可见，作为政府直接干预市场的救市措施，监管部门持股助长了市场羊群效应，降低了股价的定价效率，存在一定程度的负面效应。

表 5-4 监管部门持股的负面效应

	CSAD	SYNCH
Govern	5.917** (8.172)	2.922** (4.511)

续表

	CSAD	SYNCH
Control	Yes	Yes
Within R^2	0.603	0.429

注：***、**、*分别代表该变量在1%、5%、10%的水平下显著。

（二）监管部门买入式干预对不同特征组股票危机预期的影响效应

国外学者研究表明，金融股在金融危机中存在“大而不能倒”的政府担保预期，且大型银行更容易受到影响（Schweikhard and Tsesmelidakis，2011；Oliveira et al.，2014）。为了验证监管部门买入式干预对不同特征组股票危机预期的影响，本书将监管部门干预买入的股票根据不同行业特征分为三组：金融组（Fin）、价值组（Value）和问题组（Rub）。第一组为金融组，包括银行、证券、保险、信托和期货等金融类上市公司；第二组为价值组，选择高账面市值比、高 ROE 的股票为价值股；第三组为问题组，包括当年业绩亏损股、接受监管函以及被处罚的股票等，剔除两组以上的相同股票以及上市未满一年的新股。设计模型对比分析监管部门买入式干预对不同特征公司组投资者危机情绪的影响程度。针对影响强度显著的公司组，进一步设计多元化回归模型探究这些影响效应会受到公司哪些因素的显著影响。

$$\begin{cases} Fin_{SCSI_{i,t}} = a+\beta_1 Bailout_{i,t-1}+\beta_2 Ctrl_{i,t-1}+\delta_i+\delta_t+\varepsilon_{i,t} \\ Fin_{SCSI_{i,t}} = a+\beta_1 Govern_{i,t-1}+\beta_2 Ctrl_{i,t-1}+\delta_i+\delta_t+\varepsilon_{i,t} \end{cases}$$

$$\begin{cases} Value_{SCSI_{i,t}} = a+\beta_1 Bailout_{i,t-1}+\beta_2 Ctrl_{i,t-1}+\delta_i+\delta_t+\varepsilon_{i,t} \\ Value_{SCSI_{i,t}} = a+\beta_1 Govern_{i,t-1}+\beta_2 Ctrl_{i,t-1}+\delta_i+\delta_t+\varepsilon_{i,t} \end{cases}$$

$$\begin{cases} Rub_{SCSI_{i,t}} = a+\beta_1 Bailout_{i,t-1}+\beta_2 Ctrl_{i,t-1}+\delta_i+\delta_t+\varepsilon_{i,t} \\ Rub_{SCSI_{i,t}} = a+\beta_1 Govern_{i,t-1}+\beta_2 Ctrl_{i,t-1}+\delta_i+\delta_t+\varepsilon_{i,t} \end{cases}$$

其中，$Fin_{SCSI_{i,t}}$ 为金融组的个股危机预期，$Value_{SCSI_{i,t}}$ 为价值组的个股危机预期，$Rub_{SCSI_{i,t}}$ 为问题组的个股危机预期。

上述检验结果验证了监管部门买入式干预对不同公司组危机预期产生的影响效应，本书进一步探究这些影响效应会受到哪些因素的显著影响以及投资者危机情绪对监管部门干预的反应敏感性。研究结果如表 5-5 所示。

表 5-5　监管部门买入式干预效应的多元回归分析结果

因变量：$Fin_{CAR_{i,t}}$	金融组	因变量：$Value_{CAR_{i,t}}$	价值组	因变量：$Rub_{CAR_{i,t}}$	问题组
Assets	-0. 081* (-1. 44)	Gross	-0. 003 (2. 21)	ROE	-0. 338 (0. 46)
System	-0. 121* (1. 65)	Income	-0. 033 (0. 15)	Margins	0. 121 (1. 29)
ROE	-0. 008* (-1. 70)	Margins	-0. 004 (1. 65)	Regulate	-0. 015* (-2. 04)
Leverage	0. 007 (2. 02)	ROE	-0. 011* (-1. 29)	Times	-0. 097* (-2. 51)
Adequacy	-0. 153 (1. 34)	Position	-0. 001 (0. 37)	Case	-0. 113* (-2. 89)
NPL	-0. 034 (-1. 15)	PE	-0. 532 (0. 26)	sector1	-0. 121 (2. 30)
Z	-0. 001 (0. 33)	PB	-0. 681 (1. 65)	Sector2	-0. 005* (-1. 31)
PE	-0. 441 (0. 75)	GDP	-0. 092 (0. 72)	GDP	-0. 001 (0. 17)
PB	-0. 004 (0. 58)	CPI	-0. 006 (0. 33)	CPI	-0. 091 (2. 33)
GDP	-0. 031 (0. 40)	ICC	-0. 002* (-2. 31)	ICC	-0. 011* (-1. 26)
CPI	-0. 001 (0. 21)	—	—	—	—

续表

因变量：$Fin_{CAR_{i,t}}$	金融组	因变量：$Value_{CAR_{i,t}}$	价值组	因变量：$Rub_{CAR_{i,t}}$	问题组
ICC	-0. 102* (-1. 13)	—	—	—	—
Constant	-0. 213* (2. 05)	—	-0. 145* (-1. 96)	—	-0. 098* (-0. 71)
N	57	—	321	—	165
R	0. 146	—	0. 107	—	0. 122

注：***、**、*分别代表该变量在1%、5%、10%的水平下显著。

从上述检验结果可以看出，对于金融组来说，资产规模大、具有系统重要性的股票在监管部门买入式干预时做出了更正面的反应，说明在市场危机时期我国金融股也存在“监管担保”心理，规模大、系统重要性高的银行股更容易受到监管部门买入式干预的影响，强化了监管担保的心理预期，这在一定程度上平抑了市场危机情绪的波动。对于价值组来说，监管部门买入式干预的影响效应不明显，即监管部门的买入式干预没有很好地弱化危机情绪的蔓延，说明在危机时期，投资者非理性因素显著，价值因子并不能起到很好的作用；对于问题组来说，结果显示接受处罚性监管、接受处罚性监管函以及被证监会立案调查的股票在监管部门买入式干预时做出了更正面的反应，本书认为，可能是由于危机时期在监管部门买入式干预和安抚信号下，投资者认为在当前市场状态下监管部门不会采取进一步的处罚措施，进而催生了“监管放松”“鼓励投机”等心理预期，这些心理预期也在一定程度上分化了市场的危机情绪。

（三）稳健性检验

本书拟研究的样本区间为 2015 年第一季度至 2016 年第四季度（股灾时期）、2018 年第一季度至 2019 年第一季度（中美贸易摩擦）、2019 年第四季度至2020年第四季度（疫情冲击），这三个时间段的市场特征、运行逻辑均不相同，根据检验结果是否均具有显著性可判断研究的稳健性。另外，利用匹配—双重差分、工具变量等方法控制内生性等问题，对研究结果进行多角度的稳健性检验。

三、结果讨论

近年来，在危机时期监管部门买入持股的方式进行干预的行为多有发生，本书的研究结果显示，监管部门的救市行为在一定程度上缓解了投资者的危机情绪，实证分析结果表明，监管部门买入式干预有效降低了市场的危机情绪与股价尾部系统风险，买入式持股比例每增加一单位标准差，危机情绪和股价尾部风险分别降低12.21%和4.25%的标准差。随着监管部门持股比例的增加，投资者危机情绪缓解的程度也在增强，但监管部门买入股票也存在负面效应，助长了市场的羊群效应和影响了市场定价效率。除此之外，本书还进一步探究了监管部门买入式干预对不同特征组股票危机预期的影响效应，结果显示，买入式干预对金融组的作用最为明显，尤其是资产规模大、具有系统重要性的金融股在监管部门买入式干预时做出了更正面的反应，说明在市场危机时期，我国金融股也存在“监管担保”心理，规模大、系统重要性高的银行更容易受到监管部门买入式干预的影响，强化了监管担保的心理预期，这在一定程度上平抑了市场危机情绪的波动。监管部门的买入式干预对价值组危机情绪的影响效应不明显，说明在危机时期，由于投资者非理性因素显著，买入式干预并不能很好地激活市场的价值因子。与金融股类似，问题股受到买入式干预的影响作用较为显著，可能是由于危机时期在监管部门买入式干预和安抚信号下，投资者认为在当前市场状态下监管部门不会采取进一步的处罚措施，进而催生了“监管放松”“鼓励投机”等心理预期，这些心理预期也在一定程度上分化了市场的危机情绪。

第二节　沟通式干预对危机情绪的影响效应检验

除了政府直接注入资金救市，政府的救市意图和行为是否也存在影响效应？有些学者研究认为，在金融危机时期，银行股等金融行业股票存在政府隐性担保预期，尤其是大型金融机构（Gandhi and Lustig，2015）。本章感兴趣的是，对于行政干预力量更普遍、更强大的中国，除了买入式干预之外，政府的口头干预行为是否也存在救市效应，能够缓解系统性风险。尽管在危机期间，监管部门频频喊话干预市场，但鲜有相关文献对此进行系统的研究。国内研究主要针对政府买入式干预的影响效应，缺乏危机时期沟通式干预对投资者危机情绪的影响效应的研究。尽管现有研究已证明央行沟通对于金融市场具有影响效应（冀志斌和宋清华，2012；王博和刘翀，2016；肖争艳等，2019）。但鲜有文献对特定危机情境下监管部门沟通式干预行为进行系统的研究。与国外不同，市场平稳时期监管部门很少对股市发表相关评论，但在危机时期，考虑到政府的权威性以及“家长式”的监管风格，沟通式干预可能也会对投资者负面预期产生一定的影响。在当前外部形势不稳定性和不确定性上升、防范金融风险压力加大的背景下，加强危机时期对投资者非理性心理干预和管控的研究具有较强的理论和现实意义。本书通过提供有针对性的理论依据和经验证据，将揭示监管部门沟通式干预对投资者危机心理的影响效应和影响机理，有助于科学管理市场心理、促进市场健康平稳运行，最大限度减少非理性因素的冲击。

本章的潜在贡献主要体现在三个方面：首先，在检验监管部门沟通式干预影响效应的基础上，进一步将这种影响效应深入至微观层面，揭示不同特征的上市公司对沟通式干预产生的不同反应敏感性，有助于深入理解沟通式干预的影响；其次，监管部门沟通式干预具有鲜明的中国特色，相关研究不但有助于探究监管部门的监管功能，也有助于探究沟通式干预的信息含量，进而优化管理市场非理性心理的措施和体系；最后，本章还指出，危机时期监管部门沟通式干预也会催生“强化担保”“放松监管”“鼓励投机”等市场心理，虽然有助于缓解市场危机情绪，但也需要注意泡沫化倾向。

一、研究设计

（一）监管部门沟通式干预行为的量化

本章首先对监管部门沟通式干预行为进行量化。当前直接维护中国资本市场稳定运行的机构有三个：证监会、中国人民银行和金融稳定委员会（2017 年 11 月成立）。选择 2015~2016 年、2018~2019 年、2020 年 1~12 月这三个时间段收集监管部门的沟通式干预行为，在上述期间，中国 A 股在短时间内下跌幅度超过 20%，并出现数次千股跌停、监管部门频频干预救市的现象。

与市场平稳时期监管部门很少对股市发表相关评论不同，在危机时期监管相关部门会积极主动进行喊话式干预（Brunnermeier et al.，2017），干预的时机、目的较为明确。结合中国监管官员沟通的风格，本章将“突出资本市场重要性”“资本市场估值低”“对资本市场有信心”等语句或类似含义语句划为主动沟通式干预市场的内容，在上述时间范围内共收集证监会、中国人民银行和金融稳定委员会主动沟通式干预市场 37 次（见表 5-6）。将上述沟通式干预行为视作哑变量，交易日当天（15 点之前）发生主动沟通式干预时，赋值为 1，否则赋值为 0。当天 15 点之后发生主动沟通式干预时，下一个交易日赋值为 1；非交易日发生时，下一个交易日赋值为 1。

表 5-6　监管部门沟通式干预样本数量

部门	2015~2016 年样本量	2018~2019 年样本量	2020 年 1~12 月
证监会	12	8	2
中国人民银行	5	3	1
金融稳定委员会	0	4	2
合计	17	15	5

（二）事件冲击检验模型构建

本章将监管部门每一次沟通式干预定义为一个事件，采用事件研究法估计监管部门沟通式干预事件对投资者危机情绪的影响，通过比较事件发生前后投资者危机情绪波动的差异，检验监管部门沟通式干预对投资者心理的影响效应。对于每一个事件，选取相关文献普遍采用的 120 天作为估计窗口（汪天都和孙谦，2018），这样既可以避免出现多个事件的重叠，又能观察到沟通式干预事件对投资者心理的影响。由于相邻两次沟通式干预的最短间隔是 3 天，可以在一定程度上保证任何两个事件窗互不影响，考虑到危机时期监管部门沟通式干预具有突然性和灵活性，基本不会存在事件发生前信息泄露的情形，分为定义事件窗口为 1 天、3 天和 5 天，以保证结果具有稳健性。本章借鉴 Edmans 等（2007）、Born 等（2014）的方法，设定投资者危机情绪正常波动模型如下：

$$CSCSL_{i,t}=a+\beta_1 SCSI_{i,t-1}+\beta_2 Return_{i,t}+\beta_3 Return_{i,t-1}+\beta_4 Mscsi_{i,t-1}+\beta_4 D_t+\theta_{i,t} \tag{5-8}$$

其中，$CSCSL_{i,t}$ 是本章构建的市场危机情绪指数，$Return_{i,t}$ 为上证综合指数收益率，以控制股市收益率对投资者情绪的冲击，上证综合指数数据来自 Wind 数据库。D_t 是表示星期一至星期五的虚拟变量，$Mscsi_{i,t-1}$ 为事件发生前 20 个交易日市场情绪的平均状态。根据正常波动率模型得出实际波动率与正常波动率之差为异常波动率：

$$\theta_{i,t}=CSCSI_{i,t}-(a+\beta_1 SCSI_{i,t-1}+\beta_2 Return_{i,t}+\beta_3 Return_{i,t-1}+\beta_4 Mscsi_{i,t-1}+\beta_4 D_t) \tag{5-9}$$

如果监管部门沟通式干预有效，那么事件发生前后投资者危机情绪的超额波动的差值 $\Delta\sigma_{\theta i}$ 应显著为负，本章分别采用参数 t 检验和非参数检验的方式来检验沟通式干预事件的统计显著性。其中，参数 t 检验主要验证 $\Delta\sigma_{\theta i}$ 均值是否显著为负，非参数检验主要验证情绪异常波动的差值为正或为负的样本占比是否显著异于 50%。若监管部门沟通式干预行为没有影响，那么在窗口期内情绪异常波动的差值为正或为负的概率应该相等。本章采用满足标准正态分布的检验统计量来进行非参数符号检验，具体表示如下：

$$K_2=\left[\frac{N^-}{N}-0.5\right]\frac{\sqrt{N}}{0.5}\sim N(0,\ 1) \tag{5-10}$$

其中，N^-表示 $\Delta\sigma_{\theta i}$ 为负的样本个数，N 为样本总数。当情绪异常波动的差值为正的样本占比显著大于 50%时，则可以认为沟通式干预行为能够显著缓解投资者危机情绪。

二、实证检验

（一）沟通式干预对市场危机情绪的影响

表 5-7 给出了事件窗口期为 3 天时，监管部门沟通式干预发生后投资者危机情绪变化情况，参数检验显示，在央行和金融稳定委员会沟通式干预之

后，投资者危机情绪异常波动的均值在 3 天内显著为负，且在 K=0 时统计量显著且值最大。这表明央行和金融稳定委员会的沟通式干预给投资者心理带来了较大的信息量，有效地降低了危机情绪的波动率，起到了引导危机情绪的作用，且在当天的影响效应最大；证监会的沟通式干预在当天具有信息含量，降低了投资者危机情绪的波动率，但之后的 3 天内效果不显著，表明证监会对危机情绪的平抑效果较差，这可能与本章选取样本所在的时间段有关，样本所在时间区间内市场形势较为严峻复杂，无论是"股灾"、中美贸易摩擦还是疫情的影响，均超出了证监会可控的范围。从非参数检验结果来看，央行沟通式干预仅在第 1 天和第 2 天使投资危机情绪波动率减小的样本占比超过 50%，金融稳定委员沟通式干预在 3 天内使投资者危机情绪波动率减小的样本占比超过 50%，证监会沟通式干预的检验结果并不显著，说明证监会沟通式干预并没有显著降低投资者危机情绪的波动。从研究结果可以看出，金融稳定委员会的沟通式干预作用较为明显，具有较大的信息含量，可以显著降低危机时期的"市场噪声"，降低投资者危机情绪的波动性。

表 5-7 监管部门沟通式干预的总体效应

	参数检验				非参数检验			
	K=0	K=1	K=2	K=3	K=0	K=1	K=2	K=3
证监会	-5.661*	-5.475	-5.742	5.656	2.301	2.315	2.552	2.221*
央行	-6.401*	-6.224*	-5.341*	-5.267	2.902**	2.452**	2.319	2.407
金稳会	-6.927***	-5.211**	-5.382*	-5.361*	2.678***	2.479**	2.402**	2.278

注：***、**、*分别代表该变量在 1%、5%、10%的水平下显著。

（二）沟通式干预对不同特征组股票危机情绪的影响

当前国内研究主要关注监管部门干预对市场层面的影响，较少关注微观层面，国外学者研究表明，在危机中金融股存在“大而不能倒”的监管隐性担保危机情绪，且大型银行更容易受到影响（Oliveira et al.，2014）。在检验了监管部门沟通式干预具有信息含量的基础上，本章感兴趣的是，在危机时期，哪些特征股票的投资者更容易受到监管部门沟通式干预的影响？为验证监管部门沟通式干预对不同特征组投资者心理的影响，结合中国股票市场实际情况，分为三个不同特征组：金融组（Fin）、价值组（Value）和问题组（Rub）。第一组为金融组，包括银行、证券、保险、信托和期货等金融类上市公司股票；第二组为价值组，选择高账面市值比、高 ROE 的股票为价值股；第三组为问题组，选择当年业绩亏损股、接受监管函以及被处罚的股票等。在分组时剔除两组以上的相同股票以及上市未满一年的新股，上述数据均来自 Wind 数据库。在验证监管部门沟通式干预具有影响效应的基础上，利用事件分析法分别对金融组、价值组和问题组进行沟通式干预效应的参数和非参数检验。

检验结果如表 5-8 所示：对于金融组来说，在 0~3 天内，非参数检验结果显示，金融股投资者危机情绪波动率减少的份额超过了 50%，这说明，监管部门沟通式干预救市给处于危机时刻的市场创造了额外的信息，对投资者危机情绪产生了显著的正面影响。参数检验的结果显示，金融股统计量符号为负，且在 K=0 时统计量显著且值最大，说明监管部门沟通式干预救市确实给投资者危机情绪带来了正面的影响，且这种影响在当天达到最大，显著地提振了投资者的信心。对于价值组，0~2 天内非参数检验结果显著，说明价值股投资者在此期间受到监管部门沟通式干预的影响，危机情绪波动率减少的样本超过了 50%，参数检验的结果同样显示，价值股投资者危机情绪统计量符号为负，且在 K=0 时统计量显著且值最大，说明监管部门沟通式干预也缓解了价值投资者危机情绪。这与国外学者研究结论类似，在危机时期，中国投资者对金融机构同样存在“监管隐性担保”“大而不能倒”的救市危机情绪，投资者这些心理在监管部门进行沟通式干预之后得到了强化，缓解了市场的危机情绪。本章的研究表明，除了金融股之外，价值股也存在这种效应，这可能与近几年监管部门频频买入式救市行为有关，根据 Wind 数据统计，除了金融股之外，价值股也是监管部门买入式救市的主要对象。

表 5-8 监管部门沟通式干预的微观层面影响效应

	金融组		价值组		问题组	
	非参数检验	参数检验	非参数检验	参数检验	非参数检验	参数检验
0 天	4.568***	-1.779***	3.114**	-1.401***	6.166	-1.259
1 天	4.446**	-1.451**	3.256**	-1.412**	6.402	-1.338
2 天	4.601**	-1.531**	4.005*	-1.021*	5.551	-1.508
3 天	4.211*	-1.425*	2.367	-1.113	6.357**	-2.926**
4 天	4.087	-1.346*	3.115	0.901	6.101**	-2.819*
5 天	4.126	1.333*	2.076	0.598	5.451	-2.778*

注：***、**、*分别代表该变量在 1%、5%、10%的水平下显著。

相比之下，问题组危机情绪在 0~1 天内参数和非参数检验结果均不显著，说明监管部门沟通式干预在 2 天内并没有显著降低危机情绪的波动，对问题股投资者危机情绪平抑效果较差。在沟通式干预的第 4 天和第 5 天，参数检验结果显示，问题股投资者危机情绪波动率下降，波动率减小的样本占比均显著超过了 50%，说明监管部门沟通式干预对金融股、价值股投资者心理有即时作用，对问题股投资者心理有滞后作用，这可能是由于在危机时期，监管部门进行沟通式干预后，对金融股和价值股强化了监管担保危机情绪，缓解了投资者的危机心理，对市场一致性危机心理形成了分化作用，这种分化作用最终传导至问题股投资者，进而缓解了他们的危机心理。这可能与我国资本市场监管特征相关，与国外成熟资本市场相比，国内资本市场监管法制还不健全，在危机时期，救市是资本市场的主要矛盾，问题股投资者存在监管放松的预期，为了验证本书的假设，将问题组进一步细分为以下两组：收到警告和明确处罚监管函的处罚组和业绩亏损组，参照模型（5-8），检验沟通式干预行为对上述股票投资者情绪的影响，结果如表 5-9 所示。

表 5-9　问题组参数与非参数检验

	处罚组		亏损组	
	非参数检验	参数检验	非参数检验	参数检验
0 天	6. 298*	2. 669	4. 764*	1. 101*
1 天	6. 056	2. 451	4. 573	1. 711
2 天	6. 122**	2. 582**	4. 345*	1. 008
3 天	6. 656**	2. 974**	4. 207**	1. 451**
4 天	5. 009*	1. 978*	4. 002**	0. 957*
5 天	5. 624	−1. 226	4. 337	−1. 765 *

注：***、**、*分别代表该变量在 1%、5%、10%的水平下显著。

根据表 5-9，处罚组的非参数检验结果显示，监管部门沟通式干预行为的 2~4 天内，问题股的投资者情绪为正且累计为正超过了 50%，这与之前研究结果类似，参数检验结果显示，监管部门沟通式干预给处罚组投资者带来正向的影响，且在第三天影响达到了最大。亏损组参数检验结果也显示，第三天监管部门沟通式干预行为的影响效应最大，但相对于处罚组，影响程度明显弱于问题组。这说明在危机时期，监管部门发出沟通式救市行为的信号时，对于受到监管处罚的股票，存在“监管放松”的预期，在一定程度上缓解了投资者的悲观情绪，也说明投资者投机性较强，即使在股市危机时期，也存在根据政府行为进行投机的行为。

（三）沟通式干预效应的敏感性分析

针对监管部门沟通式干预对不同公司组危机情绪产生的影响效应，进一步设计多元回归模型探究这些影响效应会受到哪些因素的显著影响以及不同特征的上市公司是否会对监管部门沟通式干预产生不同的反应敏感性。

对于金融组，拟从系统重要性、盈利性、风险敞口、市场估值四个角度进行多元回归建模：

$$Fin_{CAR_{i,t}} = a_0 + a_1\, Assets_{i,t-1} + a_2\, System_{i,t-1} + b_1\, ROE_{i,t-1} + c_1\, Leverage_{i,t-1} + c_2\, Adequacy_{i,t-1} + c_3 NPL_{i,t-1} + c_4 Z_{i,t-1} + d_1 PE_{i,t-1} + d_2 PB_{i,t-1} + Ctrl_{i,t-1} + \varepsilon \quad (5-11)$$

其中，$Fin_{CAR_{i,t}}$ 表示金融组的个股危机情绪的累计超额波动率；系统重要性衡量指标为银行资产规模（Assets）；System 为虚拟变量，若该金融机构属于中国系统重要性金融机构，取值为 1，否则为 0；净资产收益率（ROE）为盈利性衡量指标；风险敞口衡量指标包括杠杆率（Leverage）、资本充足率（Adequacy）、不良贷款率（NPL），银行破产风险 Z 指数，银行破产风险 Z 指数可以用来表示商业银行的破产风险（杨天宇和钟宇平，2013），其计算公式为：

$$Z=\frac{ROA_{it}+(E/A)_{it}}{\delta_{it}} \quad (5-12)$$

其中，ROA_{it} 为商业银行的资产收益率，$(E/A)_{it}$ 表示商业银行资本与资产的比率，δ_{it} 表示资产收益率的标准差。控制变量 Ctrl 包括经济增长速度（GDP）、通货膨胀率（CPI）、消费者信心指数（ICC）。

对于价值组，拟从盈利性、行业地位、市场估值三个角度进行多元回归建模：

$$Value_{CAR_{i,t}} = a_0 + a_1\, Gross_{i,t-1} + a_2\, Income_{i,t-1} + a_3\, Margins_{i,t-1} + b_1\, Position_{i,t-1} + c_1\, PE_{i,t-1} + c_2 PB_{i,t-1} + Ctrl_{i,t-1} + \varepsilon \quad (5-13)$$

其中，$Value_{CAR_{i,t}}$ 为价值组个股危机情绪的异常超额波动率；盈利性衡量指标包括毛利率（Gross）、营业收入增长率（Income）和净利润率（Margins）；Position 为行业地位虚拟变量，若该企业在行业前三名，取值为 1，否则为 0；市场估值衡量指标包括市盈率（PE）和市净率（PB）。

对于问题组，拟从亏损程度、是否接受处罚性监管问询函、是否立案调查和上市板块四个角度进行多元回归建模：

$$Rub_{CAR_{i,t}} = a_0 + a_1 ROE_{i,t-1} + a_2 Margins_{i,t-1} + b_1 Regulate_{i,t-1} + b_2 Times_{i,t-1} + c_1 Case_{i,t-1} + d_1 Sector1_{i,t-1} + d_2 Sector2_{i,t-1} + Ctrl_{i,t-1} + \varepsilon \quad (5-14)$$

其中，$Value_{CAR_{i,t}}$ 为价值组个股危机情绪的异常超额波动率，盈利性衡量指标包括净资产收益率（ROE）、净利润率（Margins）；Regulate 为是否接受处罚性监管函虚拟变量，若已接受，取值为 1，否则为 0；Times 为接受处罚性监管函次数，两次以上取值为 1，一次取值为 0；Case 为是否已被证监会立案调查，若已立案，取值为 1，否则为 0；上市板块虚拟变量区分主板、中小板和创业板，若企业属于中小板，Sector1 值为 1，否则为 0，若企业属于创业板，Sector2 值为 1，否则为 0。研究结果如表 5-10 所示。

表 5-10　监管部门沟通式干预效应的多元回归分析结果

因变量：$Fin_{CAR_{i,t}}$	金融组	因变量：$Value_{CAR_{i,t}}$	价值组	因变量：$Rub_{CAR_{i,t}}$	问题组
Assets	-0.081* (-1.44)	Gross	-0.003 (2.21)	ROE	-0.338 (0.46)
System	-0.121* (1.65)	Income	-0.033 (0.15)	Margins	0.121 (1.29)
ROE	-0.008* (-1.70)	Margins	-0.004 (1.65)	Regulate	-0.015* (-2.04)
Leverage	0.007 (2.02)	ROE	-0.011* (-1.29)	Times	-0.097* (-2.51)

续表

因变量：$Fin_{CAR_{i,t}}$	金融组	因变量：$Value_{CAR_{i,t}}$	价值组	因变量：$Rub_{CAR_{i,t}}$	问题组
Adequacy	-0.153 (1.34)	Position	-0.001 (0.37)	Case	-0.113* (-2.89)
NPL	-0.034 (-1.15)	PE	-0.532 (0.26)	sector1	-0.121 (2.30)
Z	-0.001 (0.33)	PB	-0.681 (1.65)	Sector2	-0.005* (-1.31)
PE	-0.441 (0.75)	GDP	-0.092 (0.72)	GDP	-0.001 (0.17)
PB	-0.004 (0.58)	CPI	-0.006 (0.33)	CPI	-0.091 (2.33)
GDP	-0.031 (0.40)	ICC	-0.002* (-2.31)	ICC	-0.011* (-1.26)
CPI	-0.001 (0.21)	—	—	—	—
ICC	-0.102* (-1.13)	—	—	—	—
Constant	-0.213* (2.05)	—	-0.145* (-1.96)	—	-0.098* (-0.71)
N	57	—	321	—	165
R	0.146	—	0.107	—	0.122

注：***、**、*分别代表该变量在1%、5%、10%的水平下显著。

针对上述检验结果，对于金融组来说，资产规模大、具有系统重要性和高 ROE 的金融股在监管部门沟通式干预时做出了更正面的反应，说明在市场危机时期我国金融股也存在“监管担保”心理，规模大、系统重要性高、财务综合水平更好的银行股更容易受到监管部门沟通式干预的影响，强化了监管担保的心理危机情绪，这在一定程度上平抑了市场危机情绪的波动。对于价值组来说，高 ROE 股票在监管部门沟通式干预时做出了更正面的反应，本书认为可能是高 ROE 股票的价值性以及监管部门近年来一直鼓励投资者进行价值投资，使这类股票的投资者相对更加理性，弱化了危机情绪的蔓延。对于问题组来说，结果显示接受处罚性监管、接受处罚性监管函两次以上以及被证监会立案调查的股票在监管部门沟通式干预时做出了更正面的反应，本书认为可能是由于危机时期在监管部门沟通式干预和安抚信号下，投资者认为在当前市场状态下监管部门不会采取进一步的处罚措施，进而催生了“监管放松”“鼓励投机”等心理危机情绪，这些心理危机情绪也在一定程度上分化了市场的危机情绪。

（四）稳健性检验

为保证研究结果的稳健性，本章进行了一系列的稳健性检验，包括采用不同的投资者心理测度方法，利用国泰君安数据库中的投资者情绪数据代替本章的危机情绪；采用不同个股危机心理异常波动率计算方法，利用市场模型法 $CAR_{i,t}=a_i+\beta_i CAR_{mt}+\varepsilon_{it}$ 计算正常波动率；修改不同的估计时间窗口；采用不同金融风险敞口衡量指标，如把资本充足率（Adequacy）和不良贷款率（NPL）换成核心资本充足率（Core Capital Adequacy）和拨备覆盖率（Provision Coverage）；采用不同盈利性衡量指标以及将处罚型问询函换成纪律处分意向书等，经过检验，上述处理不改变本章的主要结论。

三、结果讨论

本章研究表明，监管部门沟通式干预可以显著降低危机时期的市场噪声，缓解投资者的危机情绪，尤其是金融稳定委员会的干预作用更加明显。除了金融组、价值组受到监管部门沟通式干预的影响之外，沟通式干预对问题组投资者心理也有滞后的影响作用。原因可能是监管部门的沟通式干预对金融组和价值组强化了监管担保预期，缓解了投资者的危机情绪，对市场整体的危机情绪形成了分化作用，这种分化作用最终传导至问题组投资者，缓解了他们的危机心理。除此之外，规模大、系统重要性高、财务综合水平更好的银行股以及高 ROE 的价值股更容易受到监管部门沟通式干预的影响；对于问题组来说，接受处罚性监管、接受处罚性监管函两次以上以及被证监会立案调查的股票对监管部门沟通式干预时做出了更正面的反应。

本章还发现，投资者的非理性因素并非一成不变，危机时期投资者的非理性心理存在科学引导的路径。在监管部门沟通式干预的影响下，除了市场主流的危机心理之外，还产生了“监管担保”“监管放松”以及“鼓励投机”等心理，这些心理对市场整体的危机情绪具有分化作用。在非常时期，“趋利避害”是市场的本能反应，如果不加干预很容易产生流动性踩踏，因此，可以利用市场这些心理进一步分化市场危机情绪、强化市场信心，防止非理性心理蔓延导致形成一致性恐慌危机情绪而造成的市场崩溃。

第三节 本章小结

本章研究了监管部门直接干预行为即买入式干预和沟通式干预的影响效应，研究结果显示，监管部门买入式干预和沟通式干预可以缓解市场整体的危机情绪。进一步结合危机时期中国股市的真实生态，设计相关实验进一步探究不同特征组对监管部门直接干预行为的反应敏感性，对于买入式干预来说，资产规模大、具有系统重要性的金融组以及问题组反应较大，说明监管部门买入式干预激发了市场“监管担保”“监管放松”“鼓励投机”等心理预期，这些心理预期也在一定程度上分化了市场的危机情绪。但对价值组危机情绪的影响效应不明显，说明在危机时期，由于投资者非理性因素显著，买入式干预并不能很好地激活市场的价值因子。

沟通式干预可以显著降低危机时期的市场噪声，缓解投资者的危机情绪，尤其是金融稳定委员会的干预作用更加明显。除此之外，规模大、系统重要性高、财务综合水平更好的银行股以及高 ROE 的价值股更容易受到监管部门沟通式干预的影响；对于问题组来说，接受处罚性监管、接受处罚性监管函两次以上以及被证监会立案调查的股票对监管部门沟通式干预做出了更正面的反应。

第六章　监管部门直接干预行为的分化效应与反转效应研究

根据前文研究，监管部门的买入式干预和沟通式干预对危机情绪均产生了显著影响，本书感兴趣的是如何分化、化解市场的危机情绪。本章从危机情绪分化和危机情绪反转两个方面探究政府直接干预行为的作用，研究这些问题，不仅有助于从理论层面上拓展防范金融风险的相关研究，也有助于政府部门制定更具针对性的管控措施。

第一节　危机情绪的分化机制研究

一、研究设计

危机时期监管部门的干预行为能否分化市场危机情绪是稳定市场的关键。当前国内外研究缺乏对投资者危机情绪分化的研究，与国外资本市场较为完善明确的法规制度不同，国内资本市场监管尺度并非一成不变，根据上文的研究，危机时期在政府买入式干预和沟通式干预以及安抚信号下，市场层面催生“监管放松”与“鼓励投机”等预期，这些不同预期能否引导市场危机情绪的分化？目前鲜有文献进行讨论，但这些不同预期又是分化危机情绪的关键。基于此，本部分在证明政府直接干预行为影响效应的基础上，从市场和心理层面两个传导渠道揭示危机时期投资者危机情绪在政府干预下分化、缓解的过程（见图6-1）。

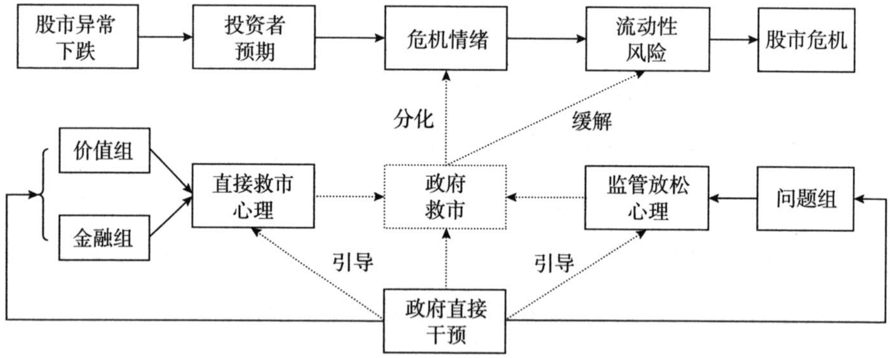

图6-1 危机时期政府直接干预对危机情绪的分化机制

在系统厘清不同公司组对政府直接干预具有不同敏感性的基础上，进一步研究由此产生的不同市场预期对一致性危机情绪的分化效应。本书的思路是，构建危机时期和非危机时期政府直接干预效应多时点回归模型，检验在政府直接干预的影响下，市场存在的不同预期对市场整体预期是否存在分化效应。

$$GSCSI^{*}_{i,t} = a + \beta_1 \sum Fin_{SCSI_{i,t-1}} + \beta_2 \sum Value_{SCSI_{i,t-1}} + \beta_3 \sum Rub_{SCSI_{i,t-1}} + \beta_4$$

$Fin_{CAR_{i,t-1}}+\beta_5 Value_{CAR_{i,t-1}}+\beta_6 Rub_{CAR_{i,t-1}}+Ctrl_{i,t-1}+\delta_i+\delta_t+\varepsilon_{i,t}$ (6-1)

其中，$Fin_{SCSI_{i,t-1}}$ 为政府直接干预影响下金融组中各公司的个股危机情绪指数；$Value_{SCSI_{i,t-1}}$ 为政府直接干预影响下价值组中各公司的个股危机情绪指数；$Rub_{SCSI_{i,t-1}}$ 为政府直接干预影响下问题组中各公司的个股危机情绪指数。

为了进一步探究危机情绪的分化效应，本书将市场危机情绪 $GSCSI_t^* \in [-1, -0.8]$ 定义为危机情绪；将 $GSCSI_t^* \in (-0.8, 0]$ 定义为一般负面情绪；将 $GSCSI_t^* \geq 0$ 定义为正面情绪。选取从危机情绪进入一般负面情绪和正面情绪的样本构建政府直接干预效应多时点回归模型进行逐步回归，检验政府直接干预行为催生的微观层面不同预期对危机情绪的分化效应以及叠加分化效应。为了保证本部分结果的稳健性和缓解内生性问题，拟采用倾向得分匹配和双重差分法、工具变量等方法进行稳健性检验。

在证明政府直接干预对危机情绪具有分化效应的基础上，根据国内外金融危机相关研究成果，本书从市场层面和心理层面两个方面探究政府直接干预对一致性危机情绪的分化机制。

首先是市场层面，流动性是金融市场的基本属性之一，决定着金融市场的稳定性和运行质量。近年来，一系列经济金融危机表明，流动性在维护金融系统稳定中的基础性地位日益凸显。从 2007 年次贷危机、2010 年欧债危机、2015 年我国的“股灾”、2016 年“熔断”以及 2018 年股权质押风险，处处可见流动性风险导致的市场危机，政府直接干预为市场提供了额外的流动性，有利于缓解流动性危机、分化一致性危机情绪。

基于上述考虑，本书选择非流动性指标 Amihud 和报价深度指标 Depth 测度衡量市场的流动性，并定义虚拟变量 character，对于流动性较高的样本，character 取值为 1，否则为 0；在模型中加入交乘项 character×Bailout 与 character×CAR，检验政府直接干预对危机情绪的影响在不同流动性中潜在的影响机制。

$$Liq_{i,t}^{Depth}=\alpha+\beta_1 character_{i,t-1}+\beta_2 character\times Bailout_{i,t-1}+\beta_3 character\times CAR_{i,t-1}+\beta_4 Ctrl_{i,t-1}+\delta_i+\delta_t+\varepsilon_{i,t} \quad (6-2)$$

$$Liq_{i,t}^{Amihud}=\alpha+\beta_1 character_{i,t-1}+\beta_2 character\times Bailout_{i,t-1}+\beta_3 character\times CAR_{i,t-1}+\beta_4 Ctrl_{i,t-1}+\delta_i+\delta_t+\varepsilon_{i,t} \quad (6-3)$$

其次是心理层面，与传统理论将投资者主观属性设定为常数不同，行为金融学认为，金融市场的异常波动，不仅受基本价值的影响，更受投资者主观属性的影响（Baker and Wurgler，2006）。政府直接干预市场能够传递出政府稳定市场的决心，有利于提振投资者信心，从而缓解市场一致性危机情绪。基于上述考虑，本书选择投资者信心指数 Confidence（数据来源于中国证券投资者保护基金有限公司）和市场融资余额 Margin 两方面衡量市场信心。结合政府买入式干预和沟通式干预存在不同程度的心理反应敏感性，定义虚拟变量 character，对于反应敏感性高的样本，character 取值为 1，否则为 0；在模型中加入交乘项 character×Bailout 与 character×CAR，检验政府直接干预对不同反应敏感性投资者危机情绪的潜在影响机制。

$$Confidence_{i,t}=\alpha+\beta_1 character_{i,t-1}+\beta_2 character\times Bailout_{i,t-1}+\beta_3 character\times CAR_{i,t-1}+\beta_4 Ctrl_{i,t-1}+\delta_i+\delta_t+\varepsilon_{i,t} \quad (6-4)$$

$$Margin_{i,t}=\alpha+\beta_1 character_{i,t-1}+\beta_2 character\times Bailout_{i,t-1}+\beta_3 character\times CAR_{i,t-1}+\beta_4 Ctrl_{i,t-1}+\delta_i+\delta_t+\varepsilon_{i,t} \quad (6-5)$$

除了验证对危机情绪的分化之外，增加尾部风险指标作为对比组，参考 Patton（2006）、李志生等（2019）的做法，利用 SJC Copula 函数通过极值相关性来度量股价的尾部系统风险，即

$$F_{XY}(x,\ y)=C(F_X(x),\ F_Y(y)) \quad (6-6)$$

SJC Copula 函数可以在 JC Copula 函数刻画尾部极值相关性的基础上修正

分布函数的不对称性。记 $p=F_X(x)$，$q=F_Y(y)$，SJC Copula 函数的具体形式为：

$$C_{SJC}(m, n \mid u^m, u^n)=\frac{1}{2}[C_{JC}(m, n \mid u^m, u^n)+C_{JC}(1-m, 1-n \mid u^m, u^n)+m+n-1] \tag{6-7}$$

其中，C_{JC} 为 JC Copula 函数，定义如下：

$$C_{JC}(m, n \mid u^m, u^n)=1-[(1-(1-m)^k)^{-\theta}+(1-(1-n)^k)^{-\theta}-1]^{\frac{-1}{\theta k}} \tag{6-8}$$

其中，$k=\frac{1}{\log_2(2-u^m)}$，$\theta=\frac{-1}{\log_2(u^n)}$。两个参数 $u^m\in(0, 1)$ 和 $u^n\in(0, 1)$ 是左尾和右尾极值相关性的度量，定义如下：

$$u^m=\lim_{\alpha\to 0}P[M\leqslant\alpha \mid N\leqslant\alpha]=\lim_{\alpha\to 0}P[N\leqslant\alpha \mid M\leqslant\alpha]=\lim_{\alpha\to 0}\frac{C(\alpha, \alpha)}{a} \tag{6-9}$$

$$u^n=\lim_{\varepsilon\to 1}P[M>\varepsilon \mid N>\varepsilon]=\lim_{\varepsilon\to 1}P[N>\varepsilon \mid M>\varepsilon]=\lim_{\varepsilon\to 1}\frac{1-2\varepsilon+C(\varepsilon, \varepsilon)}{1-\varepsilon} \tag{6-10}$$

其中，u^m 和 u^n 均为条件概率，u^m 和 u^n 的取值与极值相关性呈正相关关系，u^m 和 u^n 表示个股随大盘暴跌和暴涨的条件概率，通过极大似然法得到 k 和 θ 的估计值，进而求出 u^m 和 u^n 的估计值，得到个股和大盘指数收益率序列的左尾和右尾极值相关性的估计值。

二、实证检验

在危机时期，市场容易发生流动性危机，增加系统性风险，上文研究结果显示，政府的直接干预行为可以提供额外的流动性，缓解市场的负面情绪，进而缓解流动性危机，能够有效遏制危机情绪蔓延和左尾系统风险。如果该假设成立，监管部门的直接干预对危机情绪和左尾系统风险的作用应在流动性差的股票中更为明显。

本书分别采用换手率和 Amihud（2002）的非流动性指标来衡量流动性。具体来说，根据 t-1 期股票换手率 Turnover 和非流动性指标 Amihud 的中位数，将样本分为两组，并定义虚拟变量 Group，换手率（非流动性指标）较高的样本，Group 取值为 1，否则取值为 0。在模型（6-4）、模型（6-5）中加入交乘项 Govern×Group，得到的估计结果如表 6-1 中的 Panel A 所示，其中第 1 列按换手率分组，第 2 列按 Amihud 非流动性指标分组。结果表明，Govern×Group 对左尾系统风险的回归系数分别为 0.668 和 0.909，均在 10%的水平下显著，说明监管部门持股对左尾系统风险的影响在流动性较差的公司中更为明显。由此可见，提供流动性、缓解流动性危机，是监管部门持股影响左尾系统风险的潜在机制。

市场信心的崩溃导致投资者抛售股票头寸，整个市场同时发生剧烈下跌，使股价左尾系统风险增加，监管部门持股向市场传递出政府稳定市场的决心，有利于提振投资者信心，从而降低因投资者恐慌性抛售而形成极大左尾系统风险的可能性。为了检验上述机制，从市场融资交易余额（Margin_ balance）和分析师预测溢价（Premium）两方面衡量市场信心。其中，融资余额从市场交易的层面反映投资者对未来的预期，融资交易量越大，说明投资者越看好未来的股价；分析师预测溢价代表专业机构对所预测股票未来价格的乐观程度，以股票的市场价格为基准，通过证券分析师预测的未来股票价格与股票市场价格之间的差异定义分析师预测溢价。采用与上述检验流动性影响机制相类似的方法，生成虚拟变量和交乘项，代入模型（6-4）、模型（6-5）中，得到表 6-1 中的 Panel B 的结果，其中，第 3 列以融资余额为市场信心的代理变量，第 4 列以证券分析师预测溢价为市场信心的代理变量。结果表明，交乘项 Govern×Group 对左尾系统风险的回归系数分别为-0.881 和 0.862，均在 10%的水平下显著。上述结果说明，在投资者危机情绪更加悲观的公司中，监管部门持股对左尾系统风险的影响更大，稳定股价的效果更明显。因此，提振市场信心也是监管部门持股有利于降低股价左尾系统风险的原因。

表 6-1　影响机制分析

	Panel A：提供流动性		Panel B：提振市场信心	
	Turnover	Amihud	Balance	Premium
Covern	-1.081* (-6.44)	-0.565* (-7.12)	-1.133* (-7.89)	-1.456* (-9.66)
Govern×Group	0.668* (5.71)	0.909* (8.27)	-0.881* (-3.11)	0.862* (8.95)
Control	YES	YES	YES	YES
N	15752	15752	15752	15752
Within R^2	0.487	0.507	0.511	0.493

注：***、**、*分别代表该变量在1%、5%、10%的水平下显著。

三、结果讨论

通过构建危机时期和非危机时期政府直接干预效应多时点回归模型，检验在政府直接干预的影响下，市场存在的不同预期对市场整体预期是否存在分化效应。研究结果显示，危机时期监管部门的直接干预行为对危机情绪与尾部系统风险的影响存在两种机制：一是通过为市场提供额外的流动性缓解流动性危机和市场的危机情绪。二是改变危机时期的市场情绪进而恢复投资者信心。通过研究厘清了股市危机期间监管部门直接干预行为分化市场危机情绪的传导机制，即从市场层面和心理层面两个渠道传导直接干预行为的影响。

第二节　危机情绪的反转机制研究

关于人类情绪的形成机理，至今没有明确的结论，心理学认知评价理论认为，情境事件是情绪的来源，Frijda（1991）认为，情绪来源于自己想象或对事件的反应和评价，是一种准备就绪的心理状态。Lazarus 和 Richard（1991）进一步扩展了认知评价理论，提出了情绪激活模型，认为情绪能否激活以及激活强度取决于对目标的评价。总体来说，认知评价理论认为情绪来源于情境事件的刺激，并且强调来自环境的影响要经过主体评估情境刺激的意义才能产生情绪。在心理学对情绪研究的基础上，行为金融学把投资者行为界定为信息过程，Das 等（2005）研究认为，信息是投资者情绪产生变化的重要因素之一。Lo 和 Repin（2002）基于专业交易者在真实交易中的皮肤电导和心率等六个生理指标的实时数据发现：相较于没有事件发生时，交易者对于短暂发生的市场事件的皮电性反应表现出显著性差异。在面对每天的信息刺激时，无论是机构还是个人，其主观属性并不是一成不变的，机构和个人投资者均通过认知评价新信息，不断修正信念，在此过程中，主观情绪在发生变化。根据现有研究可以将影响投资者情绪的信息分为三个方面：公司层面、市场层面和宏观层面。对于公司层面，Mian 和 Srinivasan（2012）考察股票市场对盈余公告、股利发放和股票分割等公司消息的反应，发现这些信息导致的市场反应的确与投资者情绪具有系统相关性。对于市场层面，主要是市场本身发出的信号，如市场收益率、技术走势和流动性等方面。Da 等（2011）研究发现，投资者情绪与股市波动相互影响。张宗新和王海亮

（2013）研究发现，市场波动和收益率显著影响投资者情绪的变化。向诚和陆静（2018）研究认为，技术指标与投资者情绪指数具有显著的相关性，并构建了基于市场层面的技术指标情绪测度指数。对于宏观层面，Baker 和 Wurgler（2006）研究发现，投资者情绪受到宏观经济运行状况的影响。Kurov（2010）、Lutz（2015）发现货币政策对投资者情绪具有显著的影响。陈影和郑重（2017）、王玲玲和方志耕（2018）等研究发现，中国货币政策的宽松和收紧影响投资者情绪的状态。针对投资者情绪反转的研究，目前主要集中在心理学领域，学者认为，情绪反转效应是情绪启动研究中的特殊现象，关于引起情绪反转效应的因素及其理论基础目前还没有达成一致。Chan 等（2006）、Hinojosa 等（2012）研究发现，当被试者发现新的刺激与原刺激效价不一致时，情绪体验会产生强烈的对比，导致情绪反转。国内学者的相关研究中，谢静和唐富祥（2011）将情绪反转效应的理论基础进行了梳理，主要包括抑制激活理论、情绪转换模型理论和相关反应策略理论。王若茵和范宁（2016）研究认为，情绪的反转效应与刺激材料的形式和频率有关。综观现有研究，关于投资者情绪的影响效应，目前行为金融学已经形成了丰富的理论体系，然而，很少有学者进一步研究是什么驱动了投资者情绪的变化，对投资者情绪变化的原因、特点和机理还没有形成明确清晰的结论。特别是情绪反转问题的研究，目前主要集中在心理学领域，经济学领域还没有相关成熟的理论。基于此，本书借鉴心理学关于情绪反转机制的研究成果，从情绪产生的本源出发，根据投资者的认知结构和信息处理模式，通过问卷调查确定影响投资者情绪变化的各个信息指标在投资者心里的权重，在此基础上构建中国机构投资者和个人投资者情绪反转多元回归模型，探究不同性质、数量级的信息对机构投资者和个人投资者情绪反转的影响。本章的研究将有助于从源头理解情绪变化反转的演化机理和进一步揭示投资者与生俱来的

“动物属性”，一方面，通过把握投资者情绪反转特点，监管层可以合理引导市场预期，平稳投资者情绪，防范金融风险；另一方面，投资者可以构建有针对性的投资策略指导投资实践。

一、研究设计

（一）信息指标的权重

在股票市场，投资者会获得很多信息，但是人在处理信息方面的能力是有限的，Fiske 和 Taylor（1991）将人称为“认知的吝啬鬼”。心理学认为，投资者会拥有注意力分配特征函数，所有的外部信息通过这个函数得到感知，进而进入股价当中，并且随着时间的推移，通过观察、学习和总结，投资者将会不断优化自己的注意力分配特征函数。因此，投资者在进行投资行为时，首先会对金融市场中各种信息进行知觉分析，在这个认知过程中，由于金融市场的复杂性，投资者只有有限的注意力和信息加工能力，不能完全知晓或获得金融市场上的全部信息，对这些信息进行复杂的、逻辑性的处理会更加困难，因此，投资者会通过简化、心理账户、信息可得性和忽略信息等方法降低其复杂性，同时根据在长期的投资经验中建立的对市场信息反应的内部框架模式，对消息进行启发式判断，并对各种信息给予不同认知评价，这种不同的评价和认知导致危机情绪发生变化，如图 6-2 所示。

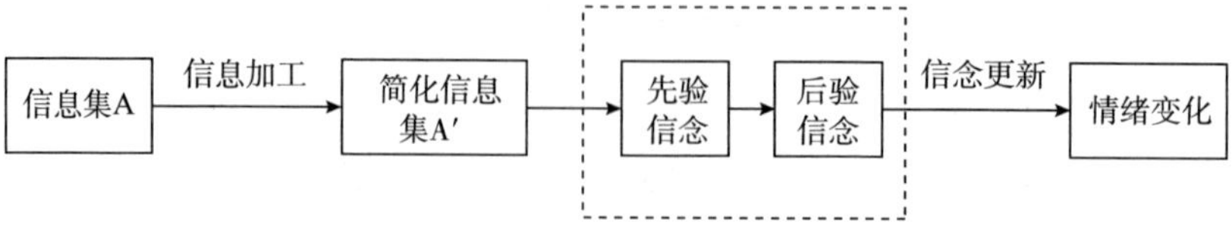

图 6-2　情绪的变化过程

同时，中国股票市场投资者的结构特征也决定了投资者的信息能力，根据前文分析，从数量和持股力量上看，中国股票市场个人投资者和机构投资者平分秋色、并肩发展，与国外成熟市场相比，机构投资者比例还不够大，这种结构决定了中国股票市场投资者整体信息能力偏弱的客观事实，对专业的金融市场信息的分析和处理能力相对较差，在信息分析和处理过程中会形成各种心理偏差和认知偏差。基于此，本书将通过问卷的形式调查投资者对于信息的注意力分配特征函数的平均值以及心理偏好程度。根据前文不同信息影响危机情绪的理论分析，本书把股票市场的日常信息分为三个层面：①宏观层面信息。依据中国政府和市场信息发布特点，宏观层面信息可以分为景气动向、货币政策、财政政策、外汇储备四个方面。②公司层面信息。中国证监会对于上市公司信息披露做了详细的规定，共涉及 40 种信息披露状态。③市场层面信息。市场层面信息主要是指市场本身给投资者的信号，如市场的收益回报、波动、流动性和技术分析信号等。由于目前心理学的证据没有量化并得出结论，即什么样的信息是强度大的和显著的，什么样的信息是权重低的，同时心理学证据也没有告诉我们对高强度高权重的信息或者低强度低权重的信息的反应幅度，因此本书将通过问卷调查的方式，根据投资者自身内部经验框架，对那些投资者认为对其投资决策重要的信息进行筛选，保留那些重要的指标，剔除投资者认为无关紧要的指标，并根据各个信息指标在投资者心里的重要程度进行排序，利用层次分析法计算并赋以权重。

对于本次问卷调查信息指标的选择，先根据现有文献和经验排除一些中国投资者明显不关注的指标，同时为了便于研究，排除非常规突发事件（因为本书研究的是信息冲击和情绪波动的整体关系，排除非常规突发事件并不影响最终结果），由此形成问卷的初稿。选择金融从业人员（银行、证券、基金）以及金融专业教授和博士研究生进行初步调查实验，征求他们关于问卷的意见，对其反馈的信息从集中程度和离散程度两方面进行统计形成专家意见。其中集中程度根据公式：

$$P_i = \frac{1}{n}\sum_{j}^{5} P_j E_{ij} \tag{6-11}$$

其中，P_j 表示指标 i 第 j 级重要程度（j=5，4，3，2，1，分别表示非常重要、很重要、重要、不太重要、不重要），E_{ij} 表示选择指标 i 评为 j 级重要程度的专家数量。离散程度根据公式：

$$\sigma^2 = \frac{1}{n}\sum_{j}^{5} (P_j - P_i)^2 E_{ij} \tag{6-12}$$

其中，σ^2 的临界值根据问卷的样本数确定。

本次针对变量的选择，共设计专家问卷 150 份，回收 121 份，分别计算出专家对各指标判断的集中度和离散度。根据统计结果，以集中度 3.5 为临界值，剔除集中度小于 3.5 的指标，经计算指标的离散程度相对正常，此结果可以接受。结果如表 6-2 所示。

表 6-2 信息指标重要性评价

	评价指标	集中程度	离散程度
宏观层面	GDP 增长速度	3.8	0.960
	PMI 值	3.6	0.750
	CPI 值	3.8	0.510
	基准利率	4.3	0.772
	存款准备金率	4.2	0.586
	政策事件	4.9	0.989
	救市干预事件	4.9	1.289

续表

	评价指标	集中程度	离散程度
公司层面	公司盈利	4.0	0.599
	并购重组	4.6	0.487
	股利分红	3.7	0.774
	定向增发	3.9	0.891
	增持减持	3.8	0.752
	高送转	4.0	0.634
市场层面信号	市场波动	4.0	0.532
	收益惯性	4.3	0.591

根据表6-2，宏观层面的信息指标选择GDP增长速度、PMI值、CPI值、基准利率、存款准备金率、政策事件和救市干预事件：GDP增长速度（a_ gdp），本书是指国内生产总值的增长速度；PMI值（a_ pmi），是指制造业的PMI即制造业采购经理指数；CPI值（a_ cpi），是指居民价格指数；基准利率（a_ rate），是指国债二级市场的收益率；存款准备金率（a_ deposit），是指法定存款准备金率或存储准备金率，是央行要求的存款准备金占其存款总额的比例；政策事件（a_ policy），是指中国证券网编制的中国证券市场大事件——政策法规表（此政策事件不包括政府各种救市事件）；救市干预事件（a_ rescue），是指上文统计的政府直接干预事件（包括买入式和沟通式）。公司层面的信息指标选择公司盈利、并购重组、股利分红、定向增发、增持减持、高送转：公司盈利（b_ eps），本书是指国内生产总值的增长速度；并购重组（b_ （m&a）），是指上市公司的资本运作，重组公司资产或并购新的公司，本书对该变量采取（0，1）模型的方式，即有并购重组行为的记为1，没有的记为0；股利分红（b_ bonus），是指将盈利的一部分作为股息按股额分配给股东，该指标的数据采用Wind数据库对所有上市公司分

红的统计数据；定向增发（b_ pep），是指上市公司对特定投资者非公开发行股票，本书对该变量采取（0，1）模型的方式，即有定向增发行为的记为1，没有的记为0；增持减持（b_ （b&s）），是指上市公司公开在二级市场增持或者减持所有的股份，本书对该变量采取（-1，1）模型的方式，即有增持行为的记为1，有减持行为的记为-1；高送转（b_ htt），是指上市公司转增股票，本书将10送5以上作为高送转标准，本书对该变量亦采取（0，1）模型的方式，即有高送转行为的记为1，没有的记为0。市场层面的信息指标选择市场波动和收益惯性：市场波动（c_ vol），是指市场的波动率；收益惯性（c_ retmm），是指市场的收益率有延续原来的运动方向的趋势，又可以称为动量效应。

在筛选专家认为的重要指标之后，进一步确定信息指标的权重，在这里运用层次分析法进行指标权重的确定，因为层次分析法是一种人类决策过程的近似模拟模型，整个过程中要素的重要性由人主观判断确定，并被转化为权重，将权重加入计算中，这种方法与本书的研究目的契合。

根据专家的意见进行整理，确定最终目标，形成正式问卷，紧密围绕信息指标在中国投资者心理的重要程度展开，共分为四个部分：①本次研究调查的背景；②被调查人员的基础信息；③问卷主体部分填写说明；④主体问题部分。整个调查通过电话预约、直接访谈和电子邮件等多种方式初步接触517个潜在调研对象，其中，198个调研对象不予合作，另外319个调研对象接受了调研（回应率为61.71%），该回应率已经属于同类调研中较为成功的指标。本次调查为了更好地反映市场投资者的信息偏好，调查主体证券投资年龄范围设为0~20年，既包括新进投资者，又有长期从事证券行业研究、工作的专业人员，职业面覆盖较广。最终共获取657份问卷，剔除信息不完整的无效问卷后，得到有效证券298份，信度为94.01%。接着利用层次分析法进行权重计算，层次分析法先把复杂问题分解成各个影响因素，又将这些因素按支配关系分组形成递阶层次结构，通过两两比较的方式确定层次中诸因素的相对重要程度，然后综合决策者的判断，形成判断矩阵（为了避免误差，应对判断矩阵进行一致性分析），在此基础上确定决策方案相对重要性的总排序，最后做出评价决策。根据问卷结果，做以下计算处理：

1. 构建判断矩阵及相对重要度的计算

对准则进行两两比较分析后，得出准则层对目标层的相对重要关系，建立判断矩阵，利用和法对判断矩阵求解。

第一步，判断矩阵 A 的元素按列作归一化处理得到矩阵 Q；

第二步，将矩阵 Q 的元素按行相加，得到向量 a；

第三步，对向量 $a=(a_1, a_2, \cdots, a_m)^T$ 作归一化处理，令 $W_i=a_i/\sum_{k=1}^{m}a_k$ 得到最大特征值对应的特征向量 $W=(w_1, w_2, \cdots, w_m)^T$；

第四步，求 A 的最大特征值 δ_{max}。

$$\delta_{max}=\frac{1}{m}\sum_{i=1}^{m}\frac{(AW)_i}{w_i} \tag{6-13}$$

2. 进行一致性检验

为了检验层次分析法所得结果是否基本合理，需要对判断矩阵进行一致性检验，用一致性比率 C. R 检验判断矩阵的一致性，当 C. R 越小时，判断矩阵的一致性越好。一般认为，当 $CR=CI/RI<0.1$ 时，层次单排序结果一致性较好，否则需要调整判断矩阵，使其具有满意的一致性。判断矩阵的一致性检验步骤如下：

第一步，求出一致性指标 $C.I=\frac{\delta_{max}-m}{m-1}$；

第二步，查表得到平均随机一致性指标 R. I；

第三步，计算一致性比率 $C.R=\frac{C.I}{R.I}$。

当 C. I≤0. 1 时，接受判断矩阵，否则，修改判断矩阵。

根据投资者调查统计数据，经过计算，判断矩阵的 C. R 都小于 0. 1，证明都具有满意的一致性，所以分别得出各个指标的权重。计算结果如表 6-3 所示。

表 6-3　信息指标的权重

消息层	权重	消息面	权重	C. I	RI	C. R
宏观层面	0. 284	a_ gdp	0. 109	0. 001	0. 520	0. 003
		a_ pmi	0. 142			
		a_ rate	0. 152			
		a_ deposit	0. 147			
		a_ revenue	0. 109			
		a_ cpi	0. 131			
		a_ rescue	0. 247			
		a_ policy	0. 190			
公司层面	0. 419	b_ eps	0. 176	0. 014	0. 900	0. 016
		b_ （m&a）	0. 301			
		b_ bonus	0. 104			
		b_ pep	0. 117			
		b_ （b&s）	0. 189			
		b_ htt	0. 103			
市场层面	0. 297	c_ vol	0. 333	0. 003	0. 900	0. 004
		c_ retmm1	0. 225			
		c_ retmm2	0. 251			
		c_ retmm3	0. 184			

注：使用市场收益的广义自回归条件异方差（GARCH）来定义市场波动率，计算公式为 $RET_t = a_0+a_1 RET_{t-1}+u_t$，$E(u_t \mid \Omega_t)=0$，$var(u_t \mid \Omega_t)=\theta_{ut}^2=\beta_0+\beta_1 u_{t-1}^2+\beta_2 \theta_{ut-1}^2$。收益惯性是指基于上一个时期收益率的超额收益率；$Mon_{i,t-m-n:t-m}=\sum_{i=0}^{n}[1+R_{i,t-m-j}]-1$。

通过问卷调查结果，本书发现无论是中国机构投资者还是个人投资者，并不只关注公司的基本面，宏观经济的表现、政府政策的变化、上市公司的行为、市场的状态都是投资者关注的焦点。另外在调查中发现，对于信息指标的评价会有“民间智慧”的形成，比如基准利率越低越是利好，公司并购重组行为是利好，公司转增股份是利好等，本书认为这种“民间智慧”的形成与我国证券市场所处的阶段有关，与发达国家证券市场百年的历史不同，目前我国证券市场只有20多年的历史，无论是监管者还是投资者，专业素质都有所欠缺，正如前文所述，投资者在认知过程中，由于金融市场的复杂性，投资者只有有限的注意力和信息加工能力，不能完全知晓或获得金融市场上的全部信息，对这些信息进行复杂、逻辑性的处理会更加困难，因此，投资者会通过简化、心理账户、信息可得性和忽略信息等方法降低其复杂性，同时根据在长期的投资经验中建立的对市场信息反应的内部框架模式对消息进行启发式判断，并对各种信息给予不同程度的认知评价。所以本书认为，中国投资者对各种信息指标形成的“民间智慧”是自发的，具有阶段的合理性。

（二）危机情绪的波动反转模型

根据信息指标权重计算结果，分别确定每个信息集下子指标的权重，在此基础上，各个层面的信息集模型公式如下：

$$\begin{cases} \sum_{i=1}^{i=n} A_i = \sum_{t=1}^{t=n} \sum_{i=1}^{i=n} k_{ai}(a'_i - a''_i)/a''_i \\ \sum_{i=1}^{i=n} B_i = \sum_{t=1}^{t=n} \sum_{i=1}^{i=n} k_{bi}(b'_i - b''_i)/b''_i \\ \sum_{i=1}^{i=n} C_i = \sum_{t=1}^{t=n} \sum_{i=1}^{i=n} k_{ci}c_i \end{cases} \tag{6-14}$$

其中，$\sum_{i=1}^{i=n} A_i$ 为宏观层面信息集，$\sum_{i=1}^{i=n} B_i$ 为公司层面信息集，$\sum_{i=1}^{i=n} C_i$ 为市场层面信息集，k_{ai}，k_{b1}，k_{ci} 为各个指标的权重，根据 Pearce 等的研究，未预期的信息对市场的影响效应更加显著，为了检验各个层面信息公布时危机情绪对于超预期信息冲击的反应，本书将公布数值和预期数值差值或者相邻时间单位指标状态的差值作为选择变量，除此之外，根据本书第四章研究结果，信息对危机情绪的影响具有非对称性和杠杆性，坏消息对危机情绪的影响要好于好消息的影响，因此，本书对消息性质进行分类并赋予权重，将坏消息对危机情绪的影响设定为 0.6 倍，将好消息对危机情绪的影响设定为 0.4 倍。

综上所述，a'_{it} 表示宏观层面信息指标实际值，a''_{it} 表示宏观层面信息指标预期值，b'_{it} 为公司层面信息指标实际值，b''_{it} 为公司层面信息指标预期值或 t-1 时间内指标状态实际值，C_i 表示市场层面信息指标。另外，本书以沪深 300 指数为研究对象，沪深 300 指数选取沪深两个市场的典型股票作为样本，涵盖了大部分流通市值，可以较好地反映市场的整体走势。研究所采用的公司层面信息指标的样本公司均是沪深 300 指数的成份公司，共 300 只股票，研究时间为 2010 年 1 月至 2020 年 12 月 31 日，其中，政策信息指标采用中国证券网编制的中国证券市场大事件——政策法规表，其余信息指标数据均来自国泰君安数据库，其中宏观层面预测数据和企业盈利预测数据是根据各家券商研究机构公布的研究报告得出，信息指标描述统计如表 6-4 所示。

表 6-4　信息指标描述统计

指标	均值	标准差	最小值	最大值
a_ gdp^′	9.959	2.137	6.700	14.200
a_ gdp^″	9.871	2.322	6.500	14.800

续表

指标	均值	标准差	最小值	最大值
a_ pmi^′	51.040	2.963	41.000	57.000
a_ pmi^″	51.000	2.992	40.000	59.000
a_ rate^′	2.997	0.637	1.980	4.140
a_ rate^″	3.000	0.621	1.950	4.200
a_ deposit^′	15.900	3.139	10.000	21.500
a_ deposit^″	15.958	3.241	9.500	22.000
a_ revenue^′	−6960.0973	6854.281	−23551.000	1540.430
a_ revenue^″	−7102.2319	6911.121	−24000.000	1620.341
a_ policy^′	1.000	3.112	0.000	4.000
a_ cpi^′	2.911	2.252	−1.810	8.740
a_ cpi^″	2.900	2.241	−1.900	8.750
b_ eps^′	0.405	0.937	−6.860	17.534
b_ eps^″	0.410	0.951	−7.210	18.110
b_ （m&a）^′	15.000	23.412	0.000	75.000
b_ bonus^′	0.077	0.173	0.000	2.000
b_ bonus^″	0.076	0.175	0.000	2.010
b_ pep^′	2.129	4.541	0.000	7.000
b_ （b&s）^′	0.589	2.032	0.000	4.000
b_ （htt）^′	5.101	8.221	2.000	40.000
c_ vol	0.000	0.0130	−0.063	0.050
c_ retmm1	−0.442	10.681	−78.188	171.213
c_ retmm2	−0.847	15.396	−82.175	309.112
c_ retmm3	−0.478	18.716	−85.265	452.128

根据第三章构建的机构和个人危机情绪模型，分别建立单一信息集、两个信息集、三个信息集状态下中国机构和个人危机情绪波动模型：

单一信息集状态下：

$$\Delta ISI_t = ISI_t - ISI_{t-1} = k_1 k + p_1 p \sum_{i=1}^{i=n} A_i / q_1 q \sum_{i=1}^{i=n} B_i / r_1 r \sum_{i=1}^{i=n} C_i + \varepsilon_{i,j} \quad (6\text{-}15)$$

两个信息集状态下：

$$\Delta ISI_t = k'_1 k + p_1 p \sum_{i=1}^{i=n} A_i + q_1 q \sum_{i=1}^{i=n} B_i + \varepsilon_{i,j} \tag{6-16}$$

$$\Delta ISI_t = k'_1 k + p_1 p \sum_{i=1}^{i=n} A_i + r \sum_{i=1}^{i=n} C_i + \varepsilon_{i,j} \tag{6-17}$$

$$\Delta ISI_t = k'_1 k + q \sum_{i=1}^{i=n} B_i + r \sum_{i=1}^{i=n} C_i + \varepsilon_{i,j} \tag{6-18}$$

三个信息集状态下：

$$\Delta ISI_t = k_0 k + p_1 p \sum_{i=1}^{i=n} A_i + q_1 q \sum_{i=1}^{i=n} B_i + r_1 r \sum_{i=1}^{i=n} C_i + \varepsilon_{i,j} \tag{6-19}$$

其中，A_i 为当期宏观经济政策信息集，B_i 为当期公司层面信息集，C_i 为当期市场信号集，ISI_t 为当期危机情绪状态，$\varepsilon_{i,j}$ 为误差项。同时，为了更好地达到研究目的，探究危机情绪的波动机理，先将危机情绪波动值进行标准化处理，并以 0.5 为单位标度将危机情绪分为四个状态：极度悲观、极度乐观、一般乐观、一般悲观，并将危机情绪波动两个标准单位以上定义为危机情绪剧烈反转：$|\Delta ISI_t| \in [1, 2]$；危机情绪波动两个单位以内一个单位以上的，定义为情绪剧烈波动：$|\Delta ISI'_t| \in [0.5, 1]$；危机情绪波动一个单位以内的，定义为情绪普通波动：$|\Delta ISI''_t| \in [0, 0.5]$。

根据上述模型，本书提出以下三个假设：

假设 1：在单一信息集冲击下，危机情绪能够发生普通波动、剧烈波动或者反转。

假设 2：在两个信息集冲击下，危机情绪能够发生普通波动、剧烈波动或者反转。

假设 3：在三个信息集冲击下，危机情绪能够发生普通波动、剧烈波动或者反转。

二、实证检验

（一）危机情绪普通波动和剧烈波动效应实证研究

1. 机构和个人危机情绪普通波动

根据机构和个人危机情绪波动模型，分别验证单一信息集、两个信息集、三个信息集状态与机构和个人危机情绪普通波动状态的关系，验证结果如表 6-5 所示。

表 6-5 危机情绪一般波动回归结果

$\Delta IISI'_t$	变量	F 值	R^2	修正后的R^2
单一信息集	宏观信息集	5.9954	0.1700	—
	公司信息集	3.8618	0.1235	—
	市场信号集	5.0042	0.3814	—
两个信息集	宏观信息集和公司信息集	45.7762	0.4710	0.7509
	宏观信息集和市场信号集	59.7234	0.5822	0.8039
	公司信息集和市场信号集	48.6125	0.5029	0.7765
三个信息集	宏观信息集、公司信息集和市场信号集	84.2984	0.9122	0.9023
$\Delta SISI'_t$	变量	F 值	R^2	修正后的R^2
单一信息集	宏观信息集	5.1271	0.1437	—
	公司信息集	3.2290	0.0926	—
	市场信号集	9.1564	0.1611	—
两个信息集	宏观信息集和公司信息集	31.1232	0.3510	0.3411
	宏观信息集和市场信号集	33.4531	0.4312	0.8147
	公司信息集和市场信号集	39.7612	0.5147	0.3062
三个信息集	宏观信息集、公司信息集和市场信号集	65.3118	0.7076	0.7210

由表 6-5 可知，对于危机情绪的普通波动，在单一信息集下，判定系数

R^2 过小，显示出回归方程拟合优度不理想，危机情绪波动被解释部分较少，未被解释部分较多，在取显著性水平 a=0.05 时，查表可知 $F_{0.05}=4.18$，各个信息集模型 F 值远小于 $F_{0.05}$，其显著性概率均大于 0.05，表明危机情绪波动与单一信息集并没有必然的联系，或者说危机情绪的普通波动，并不能由完全某一类消息面的波动来解释。

在两个或三个信息集状态下，回归方程的拟合优度有了一定的提升（随着引入自变量的增多，R^2 系数会不可避免地增大，因此引入修正后的 R^2 系数，以消除自变量个数的影响），但是综合检验效果仍不太理想。本书认为，对于因变量危机情绪的普通波动，并不能很好地用两个信息集或三个信息集的冲击来解释，这可能是由于投资者心理是一个比较复杂的综合体，较小或一般程度的情绪波动，可能会受各种因素的影响，例如，Hirshleifer 和 Shumway（2003）认为，天气原因会导致投资者的情绪波动，影响投资者的行为，Edmans 等（2007）研究显示，甚至体育比赛的输赢也会影响投资者的心情；中国学者万孝园和陈欣（2016）研究发现，雾霾会通过影响危机情绪最终影响股市收益。这也说明了基于追踪判断危机情绪的投资策略在危机情绪普通波动状态下并不能完全有效，危机情绪 0.5 单位以下的波动目前还不能完全被解释。综上，假设 1 不成立。

2. *危机情绪剧烈波动*

根据危机情绪波动模型，分别验证单一信息集、两个信息集、三个信息集状态与危机情绪剧烈状态的关系，验证结果如表 6-6 所示。

由表 6-6 可知，对于危机情绪的剧烈波动，在单一信息集下，也存在判定系数 R^2 过小、回归方程拟合程度不理想的情况，在取显著性水平 a=0.05 时，F 值远小于 $F_{0.05}$，结果与危机情绪普通波动情况较为一致，即危机情绪较大波动与单一信息集并没有必然的联系，或者说危机情绪的较大波动并不能由某一类消息面的波动来解释。在两个信息集状态下，回归方程的拟合程度有了一定程度的提升，其中宏观信息集和市场信号集可以解释接近 50% 的危机情绪的剧烈波动。

表 6-6 危机情绪剧烈波动回归结果

$\Delta IISI'_t$	变量	F 值	R^2	修正后的R^2
单一信息集	宏观信息集	5.9954	0.1700	—
	公司信息集	3.8618	0.1235	—
	市场信号集	5.0042	0.3814	—
两个信息集	宏观信息集和公司信息集	45.7762	0.4710	0.7509
	宏观信息集和市场信号集	59.7234	0.5822	0.8039
	公司信息集和市场信号集	48.6125	0.5029	0.7765
三个信息集	宏观信息集、公司信息集和市场信号集	84.2984	0.9122	0.9023
$\Delta SISI'_t$	变量	F 值	R^2	修正后的R^2
单一信息集	宏观信息集	5.1271	0.1437	—
	公司信息集	3.2290	0.0926	—
	市场信号集	9.1564	0.1611	—
两个信息集	宏观信息集和公司信息集	31.1232	0.3510	0.3411
	宏观信息集和市场信号集	33.4531	0.4312	0.8147
	公司信息集和市场信号集	39.7612	0.5147	0.3062
三个信息集	宏观信息集、公司信息集和市场信号集	65.3118	0.7076	0.7210

三个信息集状态下，F 值为 57.7235，远大于 $F_{0.05}=4.18$，修正后的 R^2 系数均大于 70%，检验结果良好，危机情绪剧烈波动的 70% 可以由三个信息集的当期状态解释，同时本书认为，与危机情绪普通波动验证结果相比拟合程度更好的原因是，导致危机情绪剧烈波动的原因开始回归市场本身，即危机情绪剧烈波动是由证券市场本身内生性信息导致的，而不是其他“稀奇古

怪”的原因。综上，对于假设 3，在三个信息集共同作用下，假设成立。

（二）危机情绪反转效应实证研究

对于机构和个人危机情绪的反转状态，分别验证单一信息集、两个信息集、三个信息集状态与情绪反转的关系，验证结果如表 6-7 所示。

表 6-7 危机情绪反转回归结果

$\Delta IISI'_t$	变量	F 值	R^2	修正后的R^2
单一信息集	宏观信息集	5.9954	0.1700	—
	公司信息集	3.8618	0.1235	—
	市场信号集	5.0042	0.3814	—
两个信息集	宏观信息集和公司信息集	45.7762	0.4710	0.7509
	宏观信息集和市场信号集	59.7234	0.5822	0.8039
	公司信息集和市场信号集	48.6125	0.5029	0.7765
三个信息集	宏观信息集、公司信息集和市场信号集	84.2984	0.9122	0.9023
$\Delta SISI'_t$	变量	F 值	R^2	修正后的R^2
单一信息集	宏观信息集	5.1271	0.1437	—
	公司信息集	3.2290	0.0926	—
	市场信号集	9.1564	0.1611	—
两个信息集	宏观信息集和公司信息集	31.1232	0.3510	0.3411
	宏观信息集和市场信号集	33.4531	0.4312	0.8147
	公司信息集和市场信号集	39.7612	0.5147	0.3062
三个信息集	宏观信息集、公司信息集和市场信号集	65.3118	0.7076	0.7210

由表 6-7 可知，对于个人投资者，情绪的反转在单一信息集下，存在判定系数 R^2 过小、回归方程拟合程度不理想的情况，同时在取显著性水平 a = 0.05 时，F 值远小于 $F_{0.05}$，表明个人危机情绪的反转与单一信息集并没有必然的联系，即个人危机情绪的反转并不能由某一类消息面的冲击来解释。在

两个信息集状态下，回归方程的拟合程度有了一定的提升，其中宏观信息集和市场信号集可以解释接近50%的个人危机情绪的反转。在三个信息集状态下，F=84.2984，远大于$F_{0.05}$，修正后的R^2系数均大于90%，检验结果良好，个人危机情绪反转的90%可以由三个信息集的当期冲击状态解释。

对于机构投资者，在单一信息集和两个信息集冲击下，亦存在判定系数R^2过小、回归方程拟合程度不理想的情况，表明单一信息集和两个信息集冲击与机构危机情绪反转相关性较小，没有必然的联系。在三个信息集冲击状态下，F=65.3118，方程拟合程度得到提升，接近80%的机构危机情绪的反转可以由当期三个信息集冲击状态解释。

综上，在三个信息集冲击状态下，无论是个人投资者还是机构投资者，方程的拟合程度均得到了显著的提升，90%以上的个人危机情绪反转和70%以上的机构危机情绪反转与当期三个信息集共同冲击相关。但与个人危机情绪相比，机构危机情绪的反转受到信息冲击的影响较小，方程拟合程度相对不高，在两个层面的信息冲击下，机构危机情绪反转的概率较低，表现出了一定独立性和稳定性。

另外，由表6-7可以看出，市场信号集在危机情绪反转中起着重要的作用，为了更直观地观测市场信号集与危机情绪反转的关系，本书将利用脉冲响应函数进一步验证在三个信息集状态下市场信号对机构和个人危机情绪的冲击状态，结果如图6-3所示。对于个人投资者，滞后一阶的市场信号集短期内对个人危机情绪反转存在显著的正向冲击，在第二期内达到高点，冲击效应从第三期开始衰减，持续时间不长。这表明市场信号越大，个人危机情绪越容易波动，关于冲击效应滞后的原因，本书认为，中国证券市场信息披露不足，内幕消息交易者会提前知道消息并进行行动，市场信号先于其他层面信息发布，因此个人危机情绪会在其他信息发布后与市场信号形成共振，导致情绪剧烈波动甚至反转。对于机构投资者，滞后一阶的市场信号集短期内对机构投资者危机情绪具有正向冲击效应，冲击效应从第一期滞后开始衰减，从第二期以后冲击效应变为负，与个人投资者形成鲜明对比。

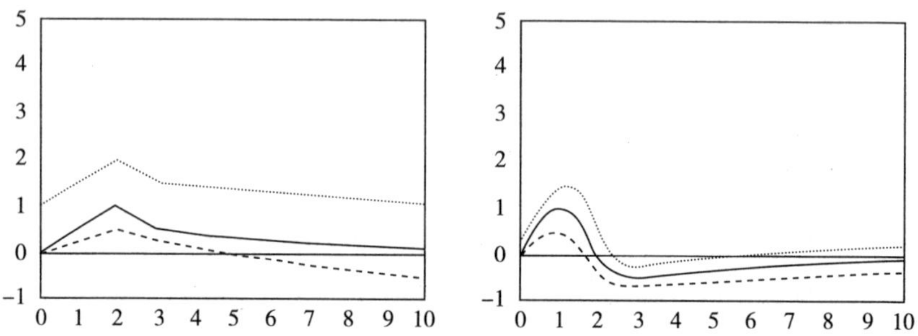

图 6-3 危机情绪波动脉冲图

关于情绪反转效应的研究，目前大多集中在心理学领域，而且还没有完整的理论能够全面地解释情绪反转效应这一现象，心理学学者 Maier 提出了情绪激活抑制模型，认为如果当前情境呈现的刺激足够强，自动激活扩散就会转向去抑制同种类型的刺激，对同种类型的刺激反应慢于不同类型，情绪出现反转效应。Chan 等（2004）利用情绪转换模型解释情绪启动的反转效应，认为当情绪启动刺激与新出现高易接近性材料刺激效价不一致时，被试者会很快觉察出两者的差异，快速产生情绪转化。借鉴心理学的研究，本书认为，当新的消息刺激方向与当前危机情绪状态不吻合且多个层面的信息联合共振时，面对这种差异，无论是个人投资者还是机构投资者均具有反转情绪的本能，但是相对于机构投资者，个人危机情绪在信息冲击下更容易发生反转，是主要的噪声交易者，而机构投资者具有一定程度的“智钱”效应。

（三）GMM 稳健性检验

本书所得到的回归分析结果有可能存在“伪回归”的问题，即验证结果的相关性有可能是因为变量之间在随时间推移的过程中具有相同的变化趋势，而不是真正的相关关系，同时由于无法消除数据中的趋势项，无法对残差进行准确的分析，因此产生“伪回归”的问题，需要对实验结果进行稳健性检验，即在改变参数设定或采用不同回归方法后检验结果是否发生显著的变化，如果发生变化，说明实验结果不具备统计学意义，常用的稳健性检验方法有三种：

第一，调整实验变量，将试验中自变量参数进行调整，检验结果是否依然有效；

第二，调整实验数据，更新实验数据或者对实验数据进行再分类，检验结果是否依然有效；

第三，调整回归方法，利用不同的回归模型如 GMM、OLS 等重新进行回归，检验结果是否依然有效；

综上所述，本书采用的稳健性检验方法是，在改变若干变量的同时，利用 GMM 模型重新回归，检验结果是否具有统一性。GMM 模型又称高斯混合模型，具有以下形式的概率分布：

$$P(y \mid \theta) = \sum_{k=1}^{K} a_k Ø(y \mid \theta_k) \tag{6-20}$$

其中，a_k 是系数，$a_k \geqslant 0$，$\sum_{k=1}^{k} a_k = 1$；$Ø(y \mid \theta_k)$ 是高斯分布密度，$\theta_k = (\mu_k, \sigma_k^2)$。

$$Ø(y \mid \theta_k) = \frac{1}{\sqrt{2\pi}\sigma_k} \exp\left(\frac{(y-u_k)^2}{2\sigma_k^2}\right) \tag{6-21}$$

由于 GMM 模型对样本无要求，并且允许随机扰动项存在异方差、自相关等情况，限制较少，因此本书在改变若干变量的同时，直接使用 GMM 进行检验。

1. 危机情绪剧烈波动 GMM 稳健性检验

为了保证研究结果的稳健性，本书采用 GMM 方法对表 6-7 各模型进行验证，考虑到宏观信息集、公司信息集和市场信号集可以用不同的信息指标变量进行解释和验证，因此在构建 GMM 模型的过程中，本书采用工业值增速、货币供应 M_2、消费者信心指数替换原宏观信息集中的 GDP 增加值、财政收入支出和 CPI，组成新的宏观信息集，用净资产收益率代替原公司信息集中的盈利能力，组成新的公司信息集，用市场成交量指标代替原市场信号集中的滞后一期收益指标，组成新的市场信号集，危机情绪剧烈波动 GMM 稳健性检验结果如表 6-8 所示。

表 6-8　基于 GMM 的稳健性检验结果

$\Delta IISI'_t$	变量	F 值	R^2
单一信息集	宏观信息集	4.1201	0.1033
	公司信息集	2.6678	0.1147
	市场信号集	4.3211	0.2415
两个信息集	宏观信息集和公司信息集	46.5461	0.4879
	宏观信息集和市场信号集	57.9652	0.5501
	公司信息集和市场信号集	51.1515	0.4989
三个信息集	宏观信息集、公司信息集和市场信号集	80.9161	0.8929
$\Delta SISI'_t$	变量	F 值	R^2
单一信息集	宏观信息集	3.1151	0.1787
	公司信息集	3.0621	0.1435
	市场信号集	7.6689	0.3211

续表

$\Delta SISI'_t$	变量	F 值	R^2
两个信息集	宏观信息集和公司信息集	27.5692	0.4077
	宏观信息集和市场信号集	30.2218	0.4731
	公司信息集和市场信号集	35.8213	0.4989
三个信息集	宏观信息集、公司信息集和市场信号集	61.2346	0.6857

2. 危机情绪反转效应 GMM 稳健性检验

如表 6-9 所示，GMM 稳健性检验结果基本证实了前文的结论，在三个信息集冲击状态下，对机构和个人危机情绪的反转存在显著的正向作用，单一信息集和两个信息集的冲击作用不太明显。

表 6-9　基于 GMM 的稳健性检验结果

$\Delta IISI'_t$	变量	F 值	R^2
单一信息集	宏观信息集	3.1201	0.1033
	公司信息集	2.6678	0.1147
	市场信号集	3.3211	0.2415
两个信息集	宏观信息集和公司信息集	46.5461	0.4879
	宏观信息集和市场信号集	57.9652	0.5501
	公司信息集和市场信号集	51.1515	0.4989
三个信息集	宏观信息集、公司信息集和市场信号集	80.9161	0.8929
$\Delta SISI'_t$	变量	F 值	R^2
单一信息集	宏观信息集	3.1151	0.1787
	公司信息集	3.0621	0.1435
	市场信号集	7.6689	0.3211
两个信息集	宏观信息集和公司信息集	27.5692	0.4077
	宏观信息集和市场信号集	30.2218	0.4731
	公司信息集和市场信号集	35.8213	0.4989
三个信息集	宏观信息集、公司信息集和市场信号集	61.2346	0.6857

三、结果讨论

本章首先展示了危机情绪波动反转的宏观微观表现，从宏观和微观层面发现危机情绪的波动反转现象非常普遍，小到对单只股票的操纵，大到国家股票市场的非理性波动，但是目前很少有研究去探讨投资者心理的这种变化，因此本书对机构和个人危机情绪的波动和反转进行了研究。

本书首先利用问卷调查中国投资者共同关注的指标以及指标在投资者心理的权重，在此基础上构建了机构和个人危机情绪波动反转模型并进行实证研究，本书研究表明，信息是影响危机情绪反转的重要因素，不同数量和层次的信息对个人和机构危机情绪的反转产生了重要的影响。单一信息集和两个信息集的冲击下机构和个人危机情绪的反转相关性不大，在三个信息集联合共振下，机构和个人危机情绪均有一定的概率发生反转，同时市场信号在机构和个人危机情绪反转中起到了重要的作用。最后利用 GMM 模型并替换相关指标进行了稳健性检验，检验结果表明，本书的实证结果是稳健的、统一的，没有“伪回归问题”。

关于危机情绪反转这一特点，目前心理学也在探究阶段，还没有相关成熟的理论，本书认为，危机情绪反转和人与生俱来的“动物精神”有关，大自然优胜劣汰、适者生存的进化提高了人们对外界风险的觉察能力，当各种信号与当前环境状态不相符时，人们会本能地改变情绪状态。这种趋利避害的风险感官能力在一定程度上可以保护人们在大自然中生存下去，但是在证券市场，反而成为可以利用的人性弱点，正如华尔街所言：要让傻瓜破产，给他信息即可。与个人投资者相比，机构投资者相对较为冷静，具有一定的“智钱”效应，机构投资者这一特点，可以平稳市场整体的情绪波动，但总体来说，在充满各种复杂随机信息的现实世界中，无论是个人还是机构投资者，都不能很理性地处理这种复杂性和随机性，因此，投资者乐观情绪与悲观情绪的周而复始将永远在资本市场上演。

第三节 本章小结

在政府直接干预行为具有影响效应的基础上，本章继续研究了基于政府直接干预的危机情绪分化和反转效应。针对分化效应，一是通过买入式干预为市场提供额外的流动性来缓解流动性危机和市场的危机情绪。二是改变危机时期的市场情绪进而恢复投资者信心。通过研究厘清了股市危机期间政府直接干预行为分化市场危机情绪的传导机制，即从市场层面和心理层面两个渠道传导直接干预行为的影响。针对反转效应，本章通过研究发现，信息是影响危机情绪反转的重要因素，不同数量和层次的信息对个人和机构危机情绪的反转产生了重要的影响。单一信息集和两个信息集的冲击下机构和个人危机情绪的反转相关性不大，在三个信息集联合共振下，机构和个人危机情绪均有一定的概率发生反转。

综上所述，本书提供了两种管控危机情绪的思路：一是分化危机情绪。在危机时期，容易诱发投资者非理性心理，具有负面情绪的投资者经过群体演化极易形成一致性的危机情绪，加速流动性蒸发进而引发市场危机。本书认为，稳定市场的关键在于阻断和分化市场危机情绪，分化危机情绪需要结合政府直接干预行为的微观影响效应，根据本书的研究结果，政府直接干预行为会催生不同的市场心理，如“政府担保”“监管放松”“鼓励投机”等心理，这些心理效应经传导后是分化市场危机情绪的关键。二是反转危机情绪。信息是影响危机情绪反转的重要因素，反转危机情绪需要借助足够的信息冲击，尤其是不同层面的信息集联合共振和刺激，有助于逆转当期的危机情绪。

第七章　基于危机情绪反转效应的投资策略构建

根据本书研究结论，危机情绪在信息冲击下会出现情绪波动和反转的现象，这种波动和反转会导致投资者过度反应或者反应不足，但也会随着危机情绪的平复而修复。因此，本章在前文探究危机情绪波动反转效应的基础上，借鉴传统的动量反转量化模型，通过构建机构和个人危机情绪动量反转策略，分析组合在不同的策略下的超额收益情况，为投资者提供借鉴。

第一节　危机情绪动量反转模型理论分析

近年来，大量的实证研究已经发展了基于公开可获得的信息来预测投资收益率的不同方法，综合来说，实证研究结果可以分为两类：一类是收益在中短期似乎表现出延续性，即所谓的动量效应；另一类是收益在某个持有时段内表现出反转效应，或者根本的反转。但是，传统的资产定价模型，比如资本定价模型（CAPM）、套利定价模型（APT）或者跨期资本定价模型（ICAPM）很难解释此类金融资产定价异象。

作为这些传统模型的替代，许多学者开始转向行为理论。行为金融理论认为，长期内收益之所以会发生反向、呈现出时间序列的负自相关，原因在于投资者对连续的同质信息反应过度（Overreact）。而短期内收益出现惯性趋势、呈现时间序列正的自相关，则是因为投资者对信息没有做出充分反应，即反应不足（Underreact）。从已有的研究看，BSV 模型、DHS 模型、HS 模型以及噪声交易者模型对反应过度和反应不足的研究获得了比较高的认同度。这些模型从不同的角度整合了关于反应过度和反应不足的理论，对反应过度和反应不足的解释已超出了传统金融理论的范畴。

De Bondt 和 Marcel（1985）将公司股票按照股价表现进行分类，将三年内股票累计收益率排在前几位的公司构造成赢家组合，将同一时期累计收益率排在最后几位的公司构造成输者组合，然后比较输家组合和赢家组合在构造后 60 个月内的收益率，研究发现，输者组合比赢者组合呈现出较高的收益率，并且结果具有统计显著性，他们把这种结果称为反转效应。动量和反转效应都说明证券市场并不是有效的，投资收益率是可以预测的，投资者可以基于证券过去的业绩表现构造出特定的组合战胜市场。这与有效市场假说相矛盾（Campbell，2014；Shi and Zhou，2017）。李志冰等（2017）、邓学斌等（2021）对 HS 模型进行了改善，加入了换手率指标，通过对 2007~2018 年中国 A 股市场的数据研究发现，反转效应与形成期和持有期呈现正相关关系，低换手率的股票表现出了比高换手率更明显的动量效应。

尽管 BSV 模型、DHS 模型、HS 模型和 Delong 模型等对反应过度、反应不足的产生机制有不同描述，但它们的基本出发点是一致的——投资者行为是非完全理性的，心理因素在投资者决策中起到了重要作用。但是目前研究所构建的动量反转策略，大多是基于股票价格、收益率、成交量或者换手率，单一指标虽然可以降低策略构建的难度，但是无法更加全面地反映投资者的心理因素或者当时市场的非理性状态，因此，本书提出构建基于危机情绪的动量反转效应策略，根据本书的研究，危机情绪具有波动和反转的效应和特点，在不同的信息冲击下，情绪是不稳定的，这种不稳定一方面会造成情绪的剧烈波动或者反转，另一方面也会使情绪由剧烈的不稳定状态恢复至平静，因此，在基本面没有发生大的变化情况下，这种情绪波动造成的资产价格波动明显具有盈利的空间，基于此，本书在借鉴传统动量反转策略的基础上，构建机构和个人危机情绪动量反转策略，研究在机构和个人情绪波动和反转的状态下，如何制定合适的投资者策略以获取超额市场收益。

第二节 危机情绪动量反转策略模型构建

一、研究模型设计

根据前文的分析和金融市场历史的案例，可以发现危机情绪具有明显的动量效应，当市场的热情被点燃的时候，场内外的投资者将会络绎不绝地投身进来，市场的情绪和投机会越来越疯狂，在此期间，存在情绪的动量效应，即从“热情”到“疯狂”，同理，在市场崩溃的时候，投资者会产生强烈的危机情绪，市场的下跌会进一步导致投资者完全绝望，但是根据本书的研究，不同消息的刺激会导致危机情绪出现波动或反转，因此投资者的这种“疯狂”和“绝望”都不是一成不变的，绝望出场的投资者会在下一次市场热情的时候重新进场，周而复始。所以在理论上是存在构建危机情绪动量反转投资策略空间的，为了更清楚地表达危机情绪波动反转的事实，本书整理了20世纪以来美国股票市场的各种危机，“危机前1万美元5年总收益”这一栏是指在危机发生前5年内，投资1万美元所取得的总收益，“危机后1万美元5年总收益”这一栏是指在危机发生5年后，在市场低点投资1万美元所取得的总收益，从表7-1可知，在市场崩溃、危机情绪蔓延时，会引起市场的集体性大抛售，由于流动性的限制，这种集体性大抛售在流动性枯竭的情况下会导致市场过度下跌，但是情绪宣泄之后，市场也会归于平静与恢复之中，危机前后5年的收益明显不同，历次危机后的收益都会高于危机前的收益。

表7-1　美国股票市场危机历史

危机史	发生日期	跌至最低点天数	最大跌幅（%）	危机前1万美元5年总收益（美元）	危机后1万美元5年总收益（美元）
珍珠港事件	1941年7月12日	12	-8.2	14663	16676
朝鲜战争	1950年6月25日	13	-12.0	20026	23169
总统健康问题	1955年9月26日	12	-10.0	12004	13424
黑色星期一	1962年5月28日	21	-12.4	14993	16278
古巴导弹危机	1962年10月14日	8	-4.8	14659	16031
1987年股市崩盘	1987年10月19日	1	-22.6	14129	18338
海湾战争	1990年8月2日	50	-18.4	16212	20022
亚洲金融危机	1997年10月27日	1	-7.2	10778	11791
“9·11”事件	2001年9月11日	5	-14.3	11859	14004
美国金融危机	2008年9月7日	180	-46	12547	17657
新冠肺炎疫情	2021年2月14日	33	-32.33	17342	—

通过上述分析，本书认为构建危机情绪动量反转策略是可行的，从行为金融角度来看，支撑该策略的原因有三个：一是人的本质性，资本市场投资者乐观与悲观不是固定不变的，乐观与悲观的交替是永恒的，需要指出的是，

传统的动量反转策略是以某个指标为参照进行构建的，随着策略广泛的使用，策略有可能会失效，但是本书认为，基于危机情绪动量反转的策略可以避免指标失效的问题，因为策略基于人性，而人性较难改变，特别是群体的人性更不容易改变，所以解决了策略失效的问题；二是在市场情绪极端状态区域内，市场由于非理性行为显著，在流动性限制的条件下，极易造成过度反应或反应不足，因此给策略提供了盈利空间；三是当市场充满情绪化交易或者在市场极端情绪状态时，依然不受市场影响相信策略有效并坚决执行，本书认为这本身就是一种理性的表现，从博弈的角度，情绪化的交易者和理性的交易者相比后者的胜率更高，因此策略提高了成功的概率。综上，本书将构建基于机构和个人危机情绪的动量反转策略，分别进行策略回溯验证，选出最有效的策略。

传统的动量反转模型，首先会对观察期的组合进行排序，确定赢家组合和输家组合，即把观察期所有的组合分成两组，在计算出市场平均收益率的基础上，将样本组合在不同周期取得的收益率与市场平均收益率进行对比，比市场平均收益率低的为输家组合，反之为赢家组合。本书是基于危机情绪的不同状态进行构建，首先根据前文对危机情绪波动的设定，两个标准单位以上的，定义为危机情绪剧烈反转：$|\Delta ISI_t| \in [1, 2]$；危机情绪波动两个单位以内一个单位以上的，定义为情绪剧烈波动：$|\Delta ISI'_t| \in [0.5, 1]$；其次根据情绪波动方向将机构和个人的危机情绪分为四种：贪婪组合、热情组合、厌恶组合和恐慌组合，其中贪婪组合是指情绪波动范围为 $\Delta ISI_t \in [1, 2]$，热情组合是指情绪波动范围为 $\Delta ISI_t \in [0.5, 1]$，厌恶组合是指情绪波动范围为 $\Delta ISI_t \in [-1, -0.5]$，贪婪组合是指情绪波动范围为 $\Delta ISI_t \in [-2, -1]$，在此基础上，分别从机构和个人危机情绪两个类型计算不同组合持有期的收益，选出收益最大的组合。

二、样本数据确定

危机情绪动量反转策略模型设计首先要确定样本数据及策略的持有期，与传统动量反转模型具有形成期和持有期不同，危机情绪的动量反转模型以危机情绪状态为观察对象，可以直接获取情绪的波动反转状态，因此不需要形成期，这样就避免了采用重叠抽样或非重叠抽样的问题。在传统的动量反转模型中，如果采取重叠抽样，虽然可以在数据有限的情况下获得更多的交易次数，但是存在自相关性，策略在实际中难以实现，而非重叠抽样会导致交易次数过少，无法使所构建的策略具有统计意义。因此本书设定策略的持有期为1天、7天、30天、60天、90天、120天、180天，共形成7种组合策略，为了便于研究，买入对象为沪深300ETF。策略构建的周期为2010年12月至2020年12月。

三、计算公式与实验步骤

对于持有期的平均超额收益率，计算步骤如下：

步骤一，对于每一个周期t和不同的情绪组合，计算其持有期的平均超额收益率，计算公式如下：

贪婪组合、热情组合：

$$AISR_{i,\ t}=\frac{1}{n}\sum_{k}^{N}IR_{k,\ t}-IR_{m,\ t} \tag{7-1}$$

其中，$AISR_{i,t}$ 表示贪婪组合、热情组合在持有期t内的平均超额收益率。

厌恶组合、恐慌组合：

$$AISR_{j,\ t}=\frac{1}{n}\sum_{k}^{N}IR_{k,\ t}-IR_{m,\ t} \tag{7-2}$$

其中，$AISR_{j,t}$ 表示厌恶组合、恐慌组合在持有期 t 内的平均超额收益率。

$$IR_{i,t}=\frac{P_{i,t+1}}{P_{i,1}}-1 \tag{7-3}$$

$$IR_{j,t}=\frac{P_{j,t+1}}{P_{j,1}}-1 \tag{7-4}$$

其中，$IR_{i,t}$ 表示贪婪组合、热情组合在持有期 t 内的收益率，$P_{i,t+1}$ 表示贪婪组合、热情组合购买的沪深 300ETF 在持有期 t 内的收盘价，$P_{i,1}$ 表示贪婪组合、热情组合购买的沪深 300ETF 在持有期第一个交易日的收盘价，同理，$IR_{j,t}$ 表示厌恶组合、恐慌组合在持有期 t 内的收益率，$P_{j,t+1}$ 表示厌恶组合、恐慌组合购买的沪深 300ETF 在持有期 t 内的收盘价，$P_{j,1}$ 表示厌恶组合、恐慌组合购买的沪深 300ETF 在持有期第一个交易日的收盘价。

步骤二，计算市场指数平均收益率，市场指数上证综指在持有期 t 内的收益率可以表示为：

$$R_{z,t}=\frac{P_{z,t+1}}{P_{z,1}}-1 \tag{7-5}$$

其中，$P_{z,t+1}$ 表示市场指数上证综指在持有期 t 日的收盘价，$P_{z,1}$ 表示市场指数上证综指在第一个交易日的收盘价。

步骤三，计算不同策略下持有期 t 内的总额收益率，具体公式如下：

$$TISR_i = \prod_{m}^{n}(AISR_{i,t}+1)-1 \tag{7-6}$$

$$TISR_j = \prod_{m}^{n}(AISR_{j,t}+1)-1 \tag{7-7}$$

其中，$TISR_i$ 表示某策略的贪婪组合、热情组合在持有期 t 内的总额收益率，$TISR_i$ 表示某策略的厌恶组合、恐慌组合在持有期 t 内的总额收益率。

步骤四，计算每种策略组合的年化收益率，具体公式如下：

$$AR_i = \prod_{m}^{n}(AISR_{i,t} + 1) - 1 \quad (7-8)$$

$$AR_i = \prod_{m}^{n}(AISR_{i,t} + 1) - 1 \quad (7-9)$$

其中，AR_i 表示某策略的贪婪组合、热情组合在持有期 t 内的总额收益率，AR_j 表示某策略的厌恶组合、恐慌组合在持有期 t 内的总额收益率。

步骤五，根据计算出来的年化收益率，通过排序，选出不同情绪状态下收益最高的组合。

步骤六，t 检验，对于实证结果，本书利用 t 检验验证机构投资者和个人投资者危机情绪动量反转策略所取得超额收益是否具有统计学意义。

先假设情绪的动量反转策略均符合正态分布 $N(u_1, \sigma_1^2)$ 和 $N(u_2, \sigma_2^2)$，且 $\sigma_1^2=\sigma_2^2$；

假设情绪动量反转策略为真，则当 $t>0$ 时，$TISR_i<0$ 且 $TISR_j>0$，同时，$TISR_i-TISR_j>0$。故假设

H0：$TISR_i-TISR_j\leq 0$；

H1：$TISR_i-TISR_j>0$；

综上，$t=(TISR_i-TISR_j)/\sqrt{2S_t^2/n}$，其中，n 表示持有期数目，$S_t^2$ 为两个样本的总方差。

第三节　实证检验与分析

一、机构投资者危机情绪波动反转策略实证结果

根据前文设定的 1 天、3 天、7 天、30 天、60 天、90 天、120 天的持有

期（t），分别计算不同策略下机构投资者危机情绪状态持有期超额收益率，计算结果如表 7-2 所示。

表 7-2　机构投资者危机情绪动量反转策略

持有期	情绪热情组合 年化收益率（%）	情绪贪婪组合 年化收益率（%）	情绪厌恶组合 年化收益率（%）	情绪恐慌组合 年化收益率（%）
1 天	7.26	9.21	-6.21	-5.26
3 天	6.54	8.11	-4.49	-2.63
7 天	2.32	3.34	-0.21	-0.21
30 天	0.34	0.98	9.65	13.32
60 天	-8.21	-12.32	2.21	11.15
90 天	-4.54	-7.56	3.12	7.81
120 天	-1.65	2.21	5.65	3.87

由表 7-2 可知，对于机构危机情绪热情组合，买入策略持有期为 1～30 天时取得正收益，持有期为 60～120 天时取得负收益。其中，持有 1 天超额收益最大，这显示出了机构投资者在市场中的引领作用，但是这种引领作用随着时间的推移会逐渐削弱甚至起到反面作用。

对于机构投资者危机情绪贪婪组合，买入策略持有期为 1～30 天时，亦取得正收益，由结果可知，第一天收益最大。综上所述，对于机构危机情绪热情组合、贪婪组合的买入策略，应该选择情绪状态短期动量策略，即跟随机构危机情绪正向波动，买入持有期不超过 30 天，将取得年化超额平均收益率。具体收益分布如图 7-1 所示。

对于机构投资者危机情绪厌恶组合，收益情况与上文相反，买入策略持有期为 1～30 天时取得负收益，持有期为 60～120 天时取得正收益，其中，持有 30 天收益最大；对于机构危机情绪恐慌组合，收益情况相似，买入策略持有期为 1～30 天时取得负收益，持有期为 60～120 天时取得正收益，其中，持有30天收益最大，但与机构危机情绪动量策略不同的是，机构情绪反转策略的效应很明显，即在机构情绪厌恶或者恐慌的情况下，买入并中短期持有，将取得不错的正收益，这说明如果机构投资者开始不安或恐慌的时候，一般就到了市场的阶段性底部，此时买入很大概率取得正收益。具体收益分布如图7-2所示。

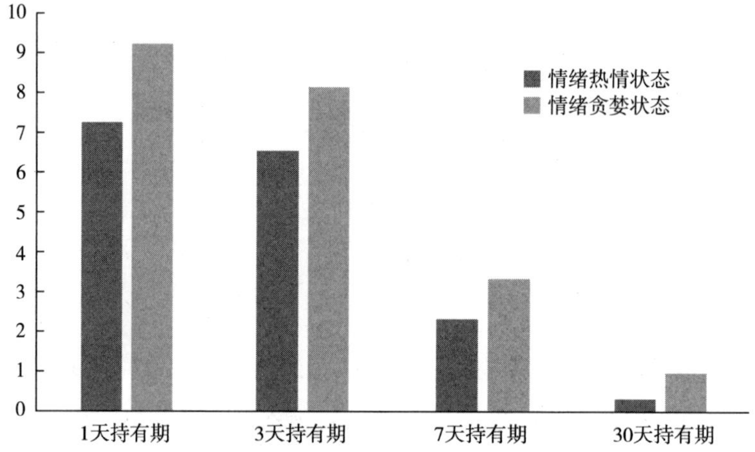

图7-1　机构危机情绪动量策略

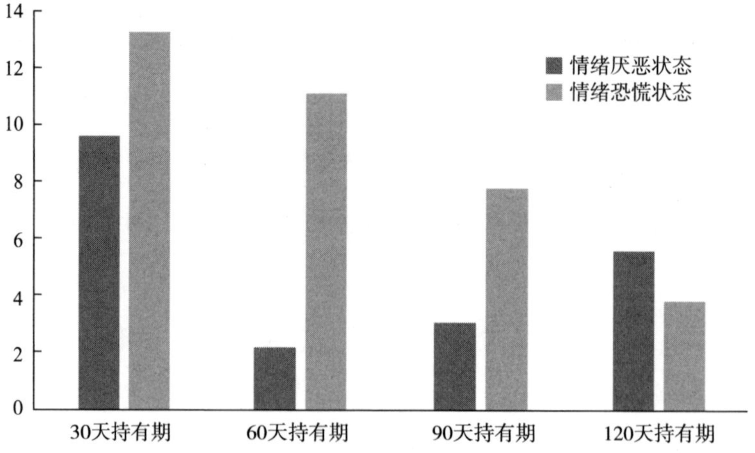

图7-2　机构危机情绪反转策略

二、个人投资者危机情绪波动反转策略实证结果

根据前文设定的 1 天、3 天、7 天、30 天、60 天、90 天、120 天的持有期（t），分别计算不同策略下个人投资者危机情绪状态持有期超额收益率，计算结果如表 7-3 所示。

表 7-3 个人投资者危机情绪动量反转策略

持有期	情绪热情组合 年化收益率（%）	情绪贪婪组合 年化收益率（%）	情绪厌恶组合 年化收益率（%）	情绪恐慌组合 年化收益率（%）
1 天	1. 26	1. 21	-9. 11	-6. 01
3 天	1. 54	-1. 54	-7. 58	-4. 26
7 天	-1. 16	-9. 33	-3. 65	-5. 21
30 天	-7. 92	-7. 87	4. 67	9. 33
60 天	-6. 37	-6. 73	7. 19	8. 08
90 天	1. 45	-5. 22	6. 87	6. 37
120 天	2. 89	1. 61	8. 61	5. 54

由表 7-3 可知，对于个人投资者危机情绪热情组合，动量策略持有期为 1~3 天时取得正收益，持有期为 7~120 天时取得负收益。但是这种正收益相对较小，基本不具备实际投资操作意义，对于个人危机情绪贪婪组合，反转策略持有期为 1 天时取得正收益。综上，对于个人危机情绪热情、贪婪组合的动量策略，经验证该策略失效。

对于个人投资者危机情绪厌恶组合，收益情况亦与上文相反，买入策略持有期为 1~7 天时取得负收益，持有期为 30~120 天时取得正收益；对于个人危机情绪恐慌组合，收益情况相似，买入策略持有期为 1~7 天时取得负收益，持有期为 30~120 天时取得正收益，但与机构危机情绪反转策略不同的是，个人投资者反转策略无法确定某一持有期收益最大，对于个人危机情绪

厌恶组合，反转策略持有 60 天收益最大，对于个人危机情绪恐慌组合，反转策略持有 30 天收益最大，同时整体收益低于机构投资者反转策略的收益，具体收益分布如图 7-3 所示。

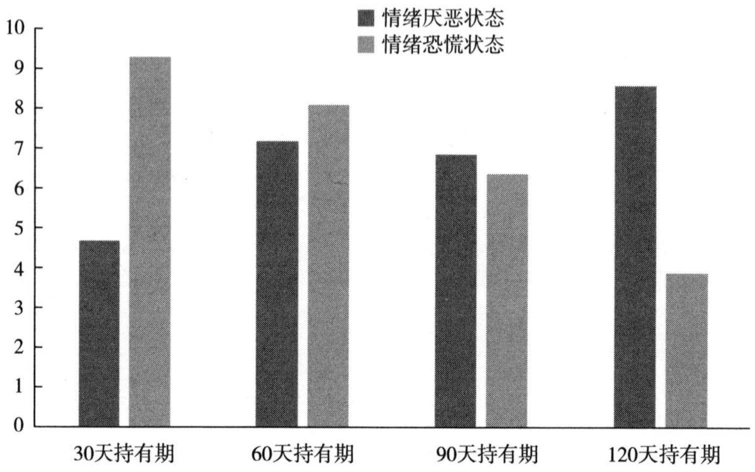

图 7-3　个人危机情绪反转策略

三、结果检验与讨论

根据研究设计，为确定实证结果是否具有统计学意义，本书对研究结果已形成的策略进行 t 检验，检验结果如表 7-4 所示。

表 7-4　实证结果 t 检验

持有期	机构危机情绪动量策略 t 检验		机构危机情绪反转策略 t 检验		个人危机情绪反转策略 t 检验	
	热情组合	贪婪组合	热情组合	贪婪组合	热情组合	贪婪组合
1 天	2. 476	3. 112	—	—	—	—
3 天	3. 581	2. 187	—	—	—	—

续表

持有期	机构危机情绪动量策略 t 检验		机构危机情绪反转策略 t 检验		个人危机情绪反转策略 t 检验	
	热情组合	贪婪组合	热情组合	贪婪组合	热情组合	贪婪组合
7 天	2.256	2.012	—	—	—	—
30 天	1.998	2.176	3.056	3.871	2.231	2.101
60 天	—	—	1.769	2.564	1.855	2.004
90 天	—	—	1.287	1.892	1.965	1.034
120 天	—	—	3.114	2.768	1.541	1.260

根据表 7-4 可知，本章所构建策略 t 检验结果显著，具有统计学意义。

从实证结果上看，机构危机情绪具备动量反转效应，可以构建动量反转策略，即情绪动量策略是在机构危机情绪热情、贪婪状态下，买入并持有 1~30 天，情绪反转策略是在机构危机情绪厌恶、恐慌状态下，买入并持有 30~120 天，这种策略的有效性也说明了机构投资者对市场的引领作用，这种引领包含正面和负面两个方面，正面作用是指机构危机情绪兴奋时，市场具备短期收益机会；负面作用是指连机构投资者都恐慌离场时，说明市场达到了阶段底部，买入并中长期持有，具有显著的正向超额收益。

个人危机情绪动量效应不明显，基本不具备构建动量策略的收益空间，而且，在个人危机情绪兴奋时买入并持有，很容易取得负收益。但个人危机情绪反转效应存在，可以构建情绪反转策略，即在个人危机情绪厌恶、恐慌状态下，买入并持有 30~120 天，具有超额的正收益，但是整体收益低于机构危机情绪反转策略。个人危机情绪动量反转策略的特点也说明了个人投资者不具备行情预判能力，其心理存在不稳定性，容易受市场影响而摇摆。

综上，通过对不同类型投资者和不同组合的回溯验证，本书认为最优的动量策略是跟随机构投资者，持有 1 天，本书将这种策略定义为“跟随机构投资者 1 天动量策略”。最优的反转策略是跟随机构投资者，持有 30 天，本书将这种策略定义为“跟随机构投资者 30 天反转策略”。而且正如前文所述，本书构建的基于危机情绪的动量反转模型在一定程度上解决了传统的动量反转策略指标失效的风险，原因就在于，一方面人的本性本身就很难改变；另一方面在充满各种复杂随机信息的现实世界中，无论是个人还是机构投资者，都还不具备完全理性地处理这种复杂性和随机性的能力，因此，投资者乐观情绪与悲观情绪的周而复始将永远在资本市场上演，也预示着本书构建的策略将在很长时间内都适用。

本书在前文探究机构和个人危机情绪波动反转效应的基础上，借鉴传统动量反转模型，构建了基于危机情绪波动反转的动量反转投资策略。首先根据情绪波动方向将机构和个人的危机情绪分为四种：贪婪组合、热情组合、厌恶组合和恐慌组合，对这种四种组合共设置了 7 个不同的持有期，在此基础上计算组合的超额收益率，结果显示，机构危机情绪可以构建动量反转策略，机构危机情绪动量策略是在机构危机情绪热情、贪婪状态下，买入并持有 1~30 天，机构危机情绪反转策略是在机构危机情绪厌恶、恐慌状态下，买入并持有 30~120 天，个人危机情绪动量效应不明显，基本不具备构建动量策略的收益空间，而且，在个人危机情绪兴奋时买入持有，很容易取得负收益。但个人危机情绪反转效应存在，可以构建情绪反转策略，即在个人危机情绪厌恶、恐慌状态下，买入并持有 30~120 天，具有超额的正收益，但是整体收益低于机构危机情绪反转策略。

除此之外，本书认为最优的动量策略是跟随机构投资者，持有 1 天，本书将这种策略定义为“跟随机构投资者 1 天动量策略”。最优的反转策略是跟随机构投资者，持有 30 天，本书将这种策略定义为“跟随机构投资者 30 天反转策略”。

通过以上的研究，本书认为与传统的动量反转策略有可能随着广泛使用而失效不同，本书构建的危机情绪动量反转策略由于人本性难移的特点，将在未来很长的时间内都有效。

第四节　本章小结

本章借鉴传统动量反转模型，构建了基于投资者情绪波动反转的动量反转投资策略。研究结果显示，机构投资者情绪可以构建动量反转策略，机构投资者情绪动量策略是在机构投资者情绪热情、贪婪状态下，买入并持有1~30天，机构投资者情绪反转策略是在机构投资者情绪厌恶、恐慌状态下，买入并持有30~120天，个人投资者情绪动量效应不明显，基本不具备构建动量策略的收益空间。且与传统金融策略具有时效性不同，本章利用行为金融理论和实证结果所构建的策略是基于行为人“本性难移”的假设，策略可能在长期均有效。

第八章　研究结论与未来展望

第一节　主要研究结论

本书以投资者危机情绪为研究对象，主要做了以下工作并得出以下结论：

第一，构建了中国资本市场危机情绪指数。建立准确的中国资本市场危机情绪指数、个股危机情绪指数以及机构和个人危机情绪指数是本书研究的基础工作。在系统梳理国内外投资者情绪构建理论方法的基础上，选择复合情绪指标方法来构建危机情绪指数。与传统复合指标不同，互联网数据记录了投资者的微观心理信息和搜索关注，为研究提供了海量的数据基础，且投资者情绪具有高度的灵活性和可变性，尤其在市场异常波动时期，与传统的问卷访谈法相比，基于网络大数据技术收集投资者情绪的方法更具有及时性和完整性。基于上述考虑本书选择将传统投资者情绪复合指标和互联网大数据指标进行拟合，提取危机情绪的共同成分，以此作为中国资本市场的危机情绪指数。具体来说，传统的机构投资者情绪测量指标选择上证基金指数收益差值（SFD）、IPO 网下中签率（ISP）、股票型基金仓位（FPN）、新增机构开户数（NSAC）和股票市场交易每日资金 100 万元以上大单净流入（LNS）；传统的个人投资者情绪指数测量指标选择 IPO 网上中签率（ILW）、封闭式基金折价率（DCEF）、新增个人开户数（NPAC）、股票市场交易每日资金 10 万元以下小单净流入（SNS）和消费者信心指数（CCI）；互联网大数据指标通过综合运用网络大数据技术收集股吧文本数据与百度搜索危机指数（个股搜索指数）共同拟合，在此基础上，利用主成分分析法以周为单位，构建中国资本市场危机情绪指数、个股危机情绪指数、机构和个人危机情绪指数，并对指数进行 Pearson 检验，结果显示，本书所构建的情绪指数具有有效性。

第二，研究了危机情绪指数的波动特征与影响效应。首先，研究了中国机构和个人投资者危机情绪的波动特点，主要表现在两个方面：一方面，整体来看，机构和个人危机情绪的波动性均呈现出波动聚集、尖峰厚尾、持续性以及非对称性等特征；利用 ICSS 修正算法进行变点检测，发现机构和个人情绪波动序列中分别存在 26 个和 52 个时间突变点。上述研究结果表明，无论是机构还是个人，危机情绪波动剧烈、极易受到“消息”影响、容易出现极端情绪，同样的消息对不同状态下危机情绪波动的影响不同。中国证券市场作为新兴的发展中的市场，存在严重的噪声交易现象，非理性行为显著。另一方面，在加入变点虚拟变量之后，$\alpha+\beta$ 值变大，说明当机构和个人危机情绪波动序列中存在变点时，将加大存在波动的持续性，如果忽略波动的结构突变，会低估机构和个人危机情绪波动的持续性效应；除此之外，情绪的波动表现出非对称性特点，更容易受“坏消息”的影响，因此本书认为，这可能与我国股市牛短熊长的走势相关，长期的熊市环境“训练”了投资者偏悲观的心理活动模式，导致无论是机构还是个人投资者都长期存在危机情绪。

其次，研究了危机情绪的宏观和微观影响效应。从宏观的角度来看，研究结果显示当期和滞后一期的机构危机情绪可以正向影响个人危机情绪，滞后一期之后的机构危机情绪对个人危机情绪基本没有影响，当期的个人危机情绪可以微弱正向影响机构危机情绪，当期之后的个人危机情绪对机构危机情绪基本无影响。研究结果说明，机构投资者具有引领作用，是个人投资者追踪模仿的对象，因此，理性、成熟的机构投资者对市场的发展非常重要，可以引导广大中小投资者理性投资、平稳市场波动。在此基础上，本书研究了危机情绪的宏观和微观的影响效应，宏观影响效应主要表现在：危机情绪与股票收益不存在长期相关性，在短期内过去的市场收益会显著影响危机情绪，即证实股票收益是危机情绪的重要影响因素。再通过 GARCH 模型、格兰杰因果检验方法对危机情绪与市场波动进行研究，发现危机情绪短期内影响市场波动，即在短期内危机情绪的高涨将推动市场波动的加剧，而市场波动并不显著引起危机情绪的变化，即危机情绪是市场波动的重要影响因素。

危机情绪微观影响效应显示，危机情绪影响了我国金融股的收益率。行为金融学认为，基于信仰和情绪等心理因素形成的认知偏差所导致的行为偏差是金融异象的原因，这也解释了在经济基本面和银行各项指标处于较为稳健的情况下，银行资产定价与收益率共同出现背离的现象。需要指出的是，导致市场产生危机情绪的原因并不一定是合理的，心理学研究表明，人的焦虑与惊恐并非来自实际威胁，而是来自对不确定事件的过度负面预期。本书研究也发现，破产风险值高的金融机构更容易受到市场危机情绪的影响，尽管在现有体制下，监管部门放任金融机构破产的概率很小。上述研究表明，投资者对我国金融系统尤其是银行存在负面情绪与预期，这会影响金融股票的收益率，同时这种负面预期也是金融市场不稳定的源泉。除此之外，与正常时期相比，危机时期银行股收益率受危机情绪的影响程度减弱，主要原因可能是，市场存在各种“政府救市”预期，非金融企业受危机情绪影响较大这一点也可以证明，这与西方国家存在“大而不能倒”政府隐性担保预期类似，我国金融市场在危机时期，除了可能存在政府隐性担保预期之外，也存在政府买入式干预的“救市”预期。本书认为，在非常时期，可以利用市场这种心理进一步地巩固市场信心，防止非理性心理蔓延形成一致性恐慌预期进而造成市场崩溃与流动性踩踏；对于非金融企业来说，由于“政府救市”预期较弱，在危机时期可以较为真实地反映市场的心理情绪状态，应建立监测手段，有助于监管层及时把握市场动态。

第三，研究了监管部门直接干预对危机情绪的影响机理。针对监管部门买入式干预，研究结果显示，监管部门持股缓解了个股危机情绪，解释变量 Bailout 和 Govern 对个股危机情绪的回归系数分别为-0.078 和-0.654，在 1%水平下显著，表明监管部门买入式干预在危机时期缓解了市场的危机情绪，起到了稳定投资者信心的作用。进一步地，对于金融组来说，资产规模大、具有系统重要性的股票在监管部门买入式干预时做出了更正面的反应，说明在市场危机时期我国金融股也存在“政府担保”心理，规模大、系统重要性高的银行股更容易受到监管部门买入式干预的影响，强化了政府担保的心理预期，这在一定程度上平抑了市场危机情绪的波动。对于价值组来说，监管部门买入式干预的影响效应不明显，即监管部门的买入式干预没有很好地弱化危机情绪的蔓延，说明在危机时期，投资者非理性因素显著，价值因子并不能起到很好的作用；对于问题组来说，结果显示接受处罚性监管、接受处罚性监管函以及被证监会立案调查的股票在监管部门买入式干预时做出了更正面的反应，本书认为，可能是由于危机时期在监管部门买入式干预和安抚信号下，投资者认为，在当前市场状态监管部门不会采取进一步处罚措施，这种心理预期也在一定程度上分化了市场的危机情绪。

针对监管部门沟通式干预，本书研究表明，监管部门沟通式干预可以显著降低危机时期的市场噪声，缓解投资者的危机情绪，尤其是金融稳定委员会的干预作用更加明显。监管部门的沟通式干预除了影响金融组、价值组之外，对问题组投资者心理也有滞后的影响作用。原因可能是监管部门的沟通式干预对金融股和价值股强化了监管担保危机情绪，缓解了投资者的危机情绪，对市场整体的危机情绪形成了分化作用，这种分化作用最终传导至问题组投资者，进而缓解了他们的危机心理。通过研究还发现，投资者的非理性因素并非一成不变，危机时期投资者的非理性心理存在科学引导的路径。在监管部门沟通式干预的影响下，除了市场主流的危机心理之外，还产生了"监管担保""监管放松"以及"鼓励投机"等心理，这些心理对市场整体的危机情绪具有分化作用。在非常时期，"趋利避害"是市场的本能反应，如果不加干预很容易产生流动性踩踏，因此，可以利用市场这些心理进一步分化市场危机情绪、强化市场信心，防止因非理性心理蔓延形成一致性恐慌危机情绪而造成的市场崩溃。

第四，研究了政策干预行为对危机预期的分化和反转效应。如何有效干预危机情绪是研究的重要目的，本书的思路是通过两个途径进行干预：

首先是分化。根据前面的研究结果，监管部门的直接干预行为催生了"监管担保""监管放松"以及"鼓励投机"等心理，这些心理将会干扰市场的一致性危机心理，起到分化作用。因此，在系统厘清不同公司组对政府直接干预具有不同敏感性的基础上，进一步研究由此产生的不同市场预期对一致性危机预期的分化效应。通过构建危机时期和非危机时期政府直接干预效应多时点回归模型，检验在政府直接干预的影响下，市场存在的不同预期对市场整体预期是否存在分化效应，研究结果显示，危机时期监管部门持股对危机情绪与尾部系统风险的影响存在两种机制：一是通过为市场提供额外的流动性缓解流动性危机和市场的危机情绪，二是改变危机时期的市场预期进而恢复投资者信心。

其次是反转。本书利用问卷首先调查中国投资者共同关注的指标以及指标在投资者心理的权重，在此基础上构建了机构和个人危机情绪波动反转模型并进行实证研究，本书研究表明，信息是影响危机情绪反转的重要因素，不同数量和层次的信息对个人和机构危机情绪的反转产生了重要的影响。单一信息集和两个信息集的冲击下机构和个人危机情绪的反转相关性不大，在三个信息集联合共振下，机构和个人危机情绪均有一定的概率发生反转，同时市场信号在机构和个人危机情绪反转中起到了重要的作用。利用 GMM 模型并替换相关指标进行了稳健性检验，检验结果表明，本书的实证结果是稳健的、统一的，没有“伪回归问题”。

关于危机情绪反转这一特点，目前心理学也在探究阶段，还没有相关成熟的理论，本书认为，危机情绪反转和人与生俱来的“动物精神”有关，大自然优胜劣汰、适者生存的进化提高了人们对外界风险的觉察能力，当各种信号与当前环境状态不相符时，人们会本能地改变情绪状态。这种趋利避害的风险感官能力在一定程度上可以保护人们在大自然中生存下去，但是在证券市场，反而成为可以利用的人性弱点，正如华尔街所言：要让傻瓜破产，给他信息即可。与个人投资者相比，机构危机情绪相对较为冷静，具有一定的“智钱”效应，机构投资者这一特点，可以平稳市场整体的情绪波动，但总体来说，在充满各种复杂随机信息的现实世界中，无论是个人还是机构投资者，都不能很理性地处理这种复杂性和随机性，因此，投资者危机与过度自信的周而复始将永远在资本市场上演。

第五，构建了基于中国危机情绪动量反转效应的投资策略。在前文探究机构和个人危机情绪波动反转效应的基础上，借鉴传统动量反转模型，构建了基于危机情绪波动反转的动量反转投资策略。首先根据情绪波动方向将机构和个人的危机情绪分为四种：贪婪组合、热情组合、厌恶组合和恐慌组合，对这四种组合共设置了 7 个不同的持有期，在此基础上计算组合的超额收益率，结果显示，机构危机情绪可以构建动量反转策略，机构危机情绪动量策略是在机构危机情绪热情、贪婪状态下，买入并持有 1~30 天，机构危机情绪反转策略是在机构危机情绪厌恶、恐慌状态下，买入并持有 30~120 天，个人危机情绪动量效应不明显，基本不具备构建动量策略的收益空间，而且，在个人危机情绪兴奋时买入持有，很容易取得负收益。但个人危机情绪反转效应存在，可以构建情绪反转策略，即在个人危机情绪厌恶、恐慌状态下，买入并持有 30~120 天，具有超额的正收益，但是整体收益低于机构危机情绪反转策略。除此之外，本书认为最优的动量策略是跟随机构投资者，持有 1 天，本书将这种策略定义为“跟随机构投资者 1 天动量策略”。最优的反转策略是跟随机构投资者，持有 30 天，本书将这种策略定义为“跟随机构投资者 30 天反转策略”。

通过以上研究，本书认为与传统的动量反转策略有可能随着广泛使用而失效不同，本书构建的危机情绪动量反转策略由于人本性难移的特点，可能在未来很长的时间内都有效。

第二节　未来研究展望

受限于笔者水平以及现有数据和实验条件，本书的研究还存在一些不足，笔者在研究过程中，深刻地体会到了研究内容的复杂性和多变性，主要表现在两个方面：一是现有研究的指导性不够。目前理论界在危机情绪及其影响效应等方面尚未得到统一的结论，特别是情绪反转问题，只零散地存在于与心理学的相关研究中，缺乏系统性，且研究结论也存在较大的争议，没有形成一种统一的框架模式，这增加了本书的研究难度，有可能会影响本书部分研究结果的严谨性。二是模型对现实的拟合度仍需要进一步的提升，金融市场纷繁复杂，金融危机由于涉及投资者非理性行为，会出现比较显著的非线性特点。非线性一大特点就是不符合叠加原理，因此存在较明显的多样性和复杂性，迫切需要采用多种学科的理论和研究方法更好地刻画危机时期投资者非理性因素的特征，进一步提升模型对现实的拟合程度。

对于未来的研究展望，一是在现有框架下，将研究延伸至源头，探索危机情绪的起源，结合心理学、神经学、生物学等最新研究，研究危机情绪的形成、变化乃至变异的“生物性”变化机理。为更好地了解和把握危机情绪奠定坚实的基础。二是进一步深入微观层面，在危机时期资本市场所产生的一系列金融事件或异象中，传统金融无法给予有力的解释，因为传统金融的核心假设之一是投资者是理性的，即投资者的行为遵从贝叶斯学习法则和期望效用最大化，但在市场异常下跌状态下，很容易诱发投资者非理性心理，具有负面预期的投资者经过群体演化极易形成一致性的恐慌心理，加速流动性蒸发，进而引发市场危机。未来研究应以经济学、应用心理学、管理学、神经科学、金融工程等学科为基础，结合多个学科的相关方法论，在进一步加强多学科的交叉与应用的基础上将研究深入至微观层面，探讨危机情绪对市场生态多侧面的影响效应，更加全面地揭示危机情绪的作用特征与作用机理，为更好地“驯服”投资者的恐慌心理提供借鉴和指导。三是丰富分化和反转危机情绪的策略。金融市场天然具有“生态性”，各参与者行为模式并非静止不变，而是会随着外界环境的变化通过自身调节机制进行动态平衡，因此在未来的研究中，应根据市场以及参与者的进化状况进一步揭示危机情绪的分化和反转机制，丰富危机情绪管控策略。

参考文献

[1] Aizenman J. On the Paradox of Prudential Regulations in the Globalized Economy: International Reserves and the Crisis a Reassessment [R]. Boston: NBER Working Paper, 2009.

[2] Amihud Y. Liquidity and Stock Returns: Cross-section and Time-series Effects [J]. Journal of Financial Markets, 2002, 5 (1): 31-56.

[3] Anastasiou D., Drakos K. European Depositors' Behavior and Crisis Sentiment [J]. Journal of Economic Behavior & Organization, 2021 (184): 117-136.

[4] Anginer D., Demirgüç K., Zhu M. How Does Deposit Insurance Affect Bank Risk? Evidence from the Recent Crisis [J]. Journal of Banking and Finance, 2014 (11): 312-321.

[5] Averill. Emotion and Visceral Activity: A Case Study in Psychophysiological Symbolism [J]. Aumla Journal of the Australasian Universities, 1969 (10): 147-190.

[6] Baker M., Stein J. C. Market Liquidity as a Sentiment Indicator [J].

Journal of Financial Markets, 2004 (3): 271-299.

[7] Baker M., Wurgler J. Investor Sentiment and the Cross-section of Stock Returns [J]. Journal of Finance, 2006, 61 (4): 1645-1680.

[8] Barberis N., Shleifer A., Vishny R. A Model of Investor Sentiment [J]. Journal of Financial Economics, 1998, 49 (3): 307-343.

[9] Barbon A., Gianinazzi V. Quantitative Easing and Equity Prices: Evidence from the ETF Program of the Bank of Japan [R]. Working Paper, 2018.

[10] Beltratti A., Stulz R. The Credit Crisis around the Globe: Why did some Banks Perform Better [J]. Journal of Financial Economics, 2012 (1): 1-17.

[11] Bernanke B. Irreversibility, Uncertainty, and Cyclical Investment [R]. Working Paper. 1983.

[12] Blanchard O. J., Watson M. W. Bubbles, Rational Expectations and Financial Markets [R]. National Bureau of Economic Research, 1982.

[13] Bloom N. Fluctuations in Uncertainty [J]. Journal of Economic Perspectives, 2014 (2): 53-76.

[14] Bollerslev T. Generalized Autoregressive Conditional Heteroskedasticity [J]. Journal of Econometrics, 1986 (9): 307-327.

[15] Born B., Michael E., Marcel F. Central Bank Communication on Financial Stability [J]. Economic Journal, 2014 (577): 701-734.

[16] Boulton T. J., Braga-Alves M. V. The Skinny on the 2008 Naked Short Sale Restrictions [J]. Journal of Financial Markets, 2011 (13): 397-421.

[17] Brooks C., Henry T. Linear and Non-linear Transmission of Equity Return Volatility: Evidence from the US, Japan and Australia [J]. Economic Modelling, 2000, 7 (4): 497-513.

[18] Brunnermeier M. K. , Sockin M. , Xiong W. China's Model of Managing the Financial System [R] . Working Paper, 2017.

[19] Campbell J. Y. Empirical Asset Pricing: Eugene Fama, Lars Peter Hansen, and Robert Shiller [J] . Journal of Economics, 2014, 116 (3): 593-634.

[20] Chabi-Yo, F. , Ruenzi S. , Weigert F. Crash Sensitivity and the Cross Section of Expected Stock Returns [J] . Journal of Financial and Quantitative Analysis, 2018, 53 (3): 1059-1110.

[21] Chan E. , Ybarra O. , Schwarz N. Reversing the Affective Congruency Effect: The Role of Target Word Frequency of Occurrence [J] . Journal of Experimental Social Psychology, 2006 (3): 365-372.

[22] Chan W. S. , Frankel R. , Kothari S. P. Testing Behavioral Finance Theories Using Trends and Consistency in Financial Performance [J] . Journal of Accounting and Economics, 2004 (12): 3-50.

[23] Cooper Russell, Willis L. Jonathan. Coordination of Expectations in the Recent Crisis: Private Actions and Policy Responses [J] . Economic Review, 2010 (12): 5-39.

[24] Da Z. , Engelberg J. , Gao P. In Search of Attention [J] . Journal of Finance, 2011 (5): 1461-1499.

[25] Das S. A. , Martínez J. , Tufano P. Einformation: A Clinical Study of Investor Discussion and Sentiment [J] . Journal of Financial Management, 2005 (3): 103-137.

[26] De Bondt, Marcel W. F. Does the Stock Market Overreact to New Information? [J] . Journal of Finance, 1985 (1): 120-128.

[27] De Long J. Bradford, Andrei Shleifer, Lawrence H. Summers, et al. Noise Trader Risk in Financial Markets [J]. Forecasting, 1990 (9): 334-338.

[28] Duchin R., Sosyura D. Safer Ratios, Riskier Portfolios: Banks' Response to Government Aid [J]. Journal of Financial Economics, 2014 (113): 1-28.

[29] Durnev A., Yeung R. B., Zarowin P. Does Greater Firm-specific Return Variation Mean More or Less Informed Stock Pricing? [J]. Journal of Accounting Research, 2003 (41): 797-836.

[30] Easley A., O'Hara M. Time and the Process of Security Price Adjustment [J]. Journal of Finance, 1992 (2): 557-605.

[31] Edmans A., Garcia D., Norli Y. Sports Sentiment and Stock Returns [J]. Journal of Finance, 2007 (4): 1967-1998.

[32] Embrechts P., McNeil A., Straumann D. Correlation and Dependence in Risk Management: Properties and Pitfalls [M] // M. A. H. Dempster, Risk Management: Value at Risk and Beyond. Cambridge: Cambridge University Press, 2002.

[33] Engle R. F. A General Approach to Lagrange Multiplier Model Diagnostics [J]. Journal of Econometrics, 1982 (1): 83-104.

[34] Ettredge M., Gerdes J., Karuga G. Using Web-based Search Data to Predict Macroeconomic Statistics [J]. Communications of the ACM, 2005 (11): 87-92.

[35] Fama E. F. Efficient Market Hypothesis: A Review of Theory and Empirical Work [J]. Journal of Finance, 1970 (2): 283-306.

[36] Fama E. F. Market Efficiency, Long-term Returns, and Behavioral Fi-

nance [J] . Journal of Financial Economics, 1998 (3): 283-306.

[37] Fisher K., Statman M. Investor Sentiment and Stock Rerurns [J] . Financial Analysts Journal, 2000, 56 (2): 16-23.

[38] Frijda E. Efficient Capital Markets: Ⅱ [J] . Journal of Finance, 1991, 46 (5): 1575-1617.

[39] Frino A., Lecce S., Lepone A. Short-sales Constraints and Market Quality: Evidence from the 2008 Short-sales Bans [J] . International Review of Financial Analysis, 2011, 20 (4): 225-236.

[40] Gandhi P., Lustig H. Size Anomalies in US Bank Stock Returns [J] . The Journal of Finance, 2015 (2): 733-768.

[41] Haugen Robert. Modern Investment Theory [J] . The Journal of Finance, 1986 (4): 989.

[42] Haun D. M, Tomasello M. Conformity to Peer Pressure in Preschool Children [J] . Child Development, 2011 (6): 1759-1767.

[43] Hausman B., Purdy J. Hypothalamic Regulation of Energy Balance and Feeding Behavior [J] . Federation Proceedings, 1974 (5): 1150-1165.

[44] Heller W., Nitschke J., Lindsay L. D. Neuropsychological Correlates of Arousal in Self-reported Emotion [J] . Cognition & Emotion, 1997 (11): 383-402.

[45] Hinojosa J. A., Mendez C., Pozo M. A. High Arousal Words Influence Subsequent Processing of Neutral Information: Evidence from Event-related Potentials [J] . International Journal of Psychophysiology, 2012 (2): 143-151.

[46] Hirshleifer D., Shumway T. Good Day Sunshine: Stock Returns and the Weather [J] . Journal of Finance, 2003 (3): 1009-1032.

[47] Hirshleifer D., Jiang D., Digiovanni Y. M. Mood Beta and Seasonalities in Stock Returns [J]. Journal of Financial Economics, 2020, 137 (1): 272-295.

[48] Hoffmann A., Post T., Pennings J. M. Individual Investor Perceptions and Behavior during the Financial Crisis [J]. Journal of Banking & Finance, 2013 (1): 60-74.

[49] Irresberger F. Explaining Bank Stock Performance with Crisis Sentiment [J]. Journal of Banking & Finance, 2015 (10): 311-329.

[50] James W. I-On Some Omissions of Introspective Sychology [J]. Mind, 1884, 33 (1): 1-26.

[51] Kadilli A. Predictability of Stock Returns of Financial Companies and the Role of Investor Sentiment: A Multi-country Analysis [J]. Journal of Financial Stability, 2015 (21): 26-45.

[52] Keynes J. The Consequences to the Banks of the Collapse of Money Value [M]. New York: Harcourt, Brace and Company, 1932.

[53] King M., Wadhwani S. Volatiltiy and Links Between National Stock Markets [J]. Econometrica, 1994, 62 (4): 901-933.

[54] Kling G., Gao L. Chinese Institutional Investors' Sentiment [J]. Journal of International Financial Markets, Institutions & Money, 2008, 18 (4): 374-387.

[55] Kumar A., Lee C. Retail Investor Sentiment and Return Comovements [J]. Journal of Finance, 2006, 61 (5): 2451-2486.

[56] Kurov A. Investor Sentiment and the Stock Market's Reaction to Monetary Policy [J]. Journal of Banking Finance, 2010 (1): 139-149.

[57] Lazarus R. S., Richard S. Progress on a Cognitive-Motivational-Relational Theory of Emotion [J]. Journal of American Psychologist, 1991 (8): 819-834.

[58] Lee C., Shleifer A., Thaler R. Investor Sentiment and the Closed-end Fund Puzzle [J]. Journal of Finance, 1991, 46 (1): 75-109.

[59] Lee W., Jiang C., Indro D. Stock Market Volatility, Excess Returns, and the Role of Investor Sentiment [J]. Journal of Banking & Finance, 2002, 26 (12): 2277-2299.

[60] Lemmon Michael, Portniaguina Evgenia. Consumer Confidence and Asset Prices: Some Empirical Evidence [J]. The Review of Financial Studies, 2006, 19 (4): 1499-1529.

[61] Lesmond D. A., Nishiotis G. Closed-End Funds [J]. SSRN Electronic Journal, 2016 (8): 1-60.

[62] Lintner J. The Valuation of Risk Assets and the Selection of Risky Investments in Stock Portfolios and Capital Budgets [J]. Financial Studies, 1969 (5): 131-155.

[63] Li Y. On the Bestseller' Andience Analysis Based on the Bestseller's Market Research [J]. Press Circles, 2010 (2): 47-48.

[64] Ljungqvist A., Nanda V., Singh R. Hot Markets, Investor Sentiment, and IPO Pricing [J]. Journal of Business, 2013 (4): 1667-1702.

[65] Lo A. W., Repin D. V. The Psychophysiology of Real-Time Financial Risk Processing [J]. Journal of Cognitive Neuroscience, 2002 (3): 323-339.

[66] Lutz C. The Impact of Conventional and Unconventional Monetary Policy on Investor Sentiment [J]. Journal of Bank Finance, 2015 (3): 89-105.

[67] Maurizio M., Zwinkels R. C. J. Investor Sentiment and Employment [J]. Journal of Financial and Quantitative, 2020 (5): 1581-1618.

[68] McAndrews J., Sarkar A., Wang Z. The Effect of the Term Auction Facility on the London Interbank Offered Rate [J]. Journal of Banking and Finance, 2017, 83 (10): 135-152.

[69] Mehra R., Sah R. Mood Fluctuations, Projection Bias, and Volatility of Equity Prices [J]. Journal of Economic Dynamics and Control, 2002, 26 (5): 869-887.

[70] Mian G. M., Srinivasan Sankaraguruswamy. Investor Sentiment in the Stock Market Response to Corporate News [J]. Journal of Accounting Review, 2012 (4): 1357-1384.

[71] Nartea G., Kong D., Wu J. Do Extreme Returns Matter in Emerging Markets? Evidence from the Chinese Stock Market [J]. Journal of Banking & Finance, 2017, 76 (3): 189-197.

[72] Neal R., Wheatley S. Do Measures of Investor Sentiment Predict Returns? [J]. Journal of Financial and Quantitative Analysis, 1998, 33 (4): 523-547.

[73] Nelson B. Daniel. Conditional Heteroskedasticity in Asset Returns: A New Approach [J]. Econometrica, 1991, 59 (2): 347-370.

[74] Oliveira R. F., Schiozer R. F., Barros L. A. Depositors' Perception of "Too-Big-to-Fail" [J]. Review of Finance, 2014 (1): 191-227.

[75] Patton A. J. Modelling Asymmetric Exchange Rate Dependence [J]. International Economic Review, 2006, 47 (2): 527-556.

[76] Perchtold-Stefan C. M., Fink A., Rominger C., et al. Creative, An-

tagonistic, and Angry? Exploring the Roots of Malevolent Creativity with a Real-world Idea Generation Task [J]. The Journal of Creative Behavior, 2020 (12): 710-722.

[77] Rentfrow P. J., Gosling S. D. Message in a Ballad: The Role of Music Preferences in Interpersonal Perception [J]. Psychological Science, 2006 (3): 236-242.

[78] Ruiz R. E. Bootstrap Prediction for Returns and Volatilities in GARCH Models [J]. Computational Statistics & Data Analysis, 2006 (9): 2293-2312.

[79] Sayim M., Rahman H. The Relationship Between Individual Investor Sentiment, Stock Return and Volatility: Evidence from the Turkish Market [J]. International Journal of Emerging Markets, 2015, 10 (3): 504-519.

[80] Sanso A., Arago V., Carrion J. L. Testing for Changes in the Unconditional Variance of Financial Time Series [J]. Spanish Review of Financial Economics, 2004 (1): 32-53.

[81] Schachter S., Singer J. Cognitive, Social, and Physiological Determinants of Emotional State [J]. Psychological Review, 1962 (9): 379-399.

[82] Schweikhard F. A., Tsesmelidakis Z. The Impact of Government Interventions on CDS and Equity Markets [R]. Finance Meeting EUROFIDAI-AFFI, 2011.

[83] Sharpe W. F. Capital Asset Prices: A Theory of Market Equilibrium under Conditions of Risk [J]. Journal of Finance, 1969 (3): 425-442.

[84] Shi H. L., Zhou W. X. Time Series Momentum and Contrarian Effects in the Chinese Stock Market [J]. Physical Statistical Mechanics and Its Applications, 2017 (4): 309-318.

［85］ Su Y. , Yip Y. , Wong R. W. The Impact of Government Intervention on Stock Returns: Evidence from Hong Kong ［J］ . International Review of Economics and Finance, 2002 (3): 277-297.

［86］ Thaler R. H. Misbehaving: The Making of Behavioral Economics ［J］ . Financial and Economic Review, 2018, 17 (2): 146-150.

［87］ Van Oordt M. R. C. , Zhou C. Systematic Tail Risk ［J］ . Journal of Financial and Quantitative Analysis, 2016, 51 (2): 685-705.

［88］ Weiß G. , F. Irresberger, F. König. Crisis Sentiment and Insurer Performance ［R］ . Working Paper, 2013.

［89］ Wisniewski T. , Lambe B. The Role of Media in the Credit Crunch: The Case of the Banking Sector ［J］ . Journal of Economic Behaviour & Organization, 2013 (85): 163-175.

［90］ Zakoian J. M. Modeles Autoregressifs a Seuil de Series Chronologiques ［D］ . University of Utah, 1990.

［91］ Zweig M. An Investor Expectations Stock Price Predictive Model Using Closed-End Fund Premiums ［J］ . Journal of Finance, 1973, 28 (1): 67-78.

［92］ 陈康，江嘉骏，刘琦，李欣．空气质量、投资者情绪与股票收益率［J］. 2018 (6): 145-160.

［93］ 陈影，郑重．我国货币政策对投资者情绪的影响［J］．上海金融，2017 (2): 17-24.

［94］ 达尔文．人类和动物的表情［M］．周邦立，译．北京：北京大学出版社，2009.

［95］ 邓学斌，施政昊，单皓晨．中国 A 股市场的动量效应与反转效应研究——基于换手率改进 HS 模型的再检验［J］．预测，2021，40 (4):

53-59.

[96] 段江娇，刘红忠，曾剑平．中国股票网络论坛的信息含量分析［J］．金融研究，2017（10）：178-192.

[97] 段世德，王跃生．论两次危机应对与美国国家信用的透支［J］．经济学家，2020（12）：116-124.

[98] 宫汝凯．信息不对称、过度自信与股价变动［J］．金融研究，2021（6）：152-169.

[99] 郭霖麟．危机情绪会影响我国银行股的收益率吗？［J］．投资研究，2019（9）：136-145.

[100] 韩立岩，伍燕然．投资者情绪与 IPOs 之谜——抑价或者溢价［J］．管理世界，2007（3）：51-61.

[101] 郝军章，翟嘉，高亚洲．投资者进出对股票市场波动性影响研究——基于投资者异质信念定价模型［J］．投资研究，2020，39（7）：83-96.

[102] 何诚颖，陈锐，薛冰，何牧原．投资者情绪，有限套利与股价异象［J］．经济研究，2021（1）：58-73.

[103] 贺立龙，高洁，刘俊霞，等．股灾中政府买入式救市的有效性——基于 A 股市场的事件分析研究［J］．财经论丛，2017（7）：59-67.

[104] 贺立龙，李敬，陈中伟．政府的买入式干预对平抑股市危机的有效性——基于 ARCH 模型的实证检验［J］．经济问题，2017（4）：35-40.

[105] 黄瑜琴，王朝阳，崔相勋．管控股指期货的救市政策有效吗？——基于现货市场波动率的视角［J］．国际金融研究，2018（9）：87-96.

[106] 冀志斌，宋清华．中央银行沟通的金融市场效应——基于中国数据的实证分析［J］．宏观经济研究，2012（9）：45-53.

［107］江世银．中国资本市场预期［M］．北京：商务印书馆，2005.

［108］李剑阁．监管者带着监管对象救市不合国际惯例［J］．财新周刊，2016（13）：9-10.

［109］李双琦，陈其安，朱沙．考虑消费与投资者情绪的股票市场资产定价［J］．管理科学学报，2021（4）：86-108.

［110］李媛，冉齐鸣．个股情绪与股市周期性波动——对我国 A 股市场的实证分析［J］．投资研究，2021（11）：131-144.

［111］李志冰，杨光艺，冯永昌，等．Fama-French 五因子模型在中国股票市场的实证检验［J］．经济研究，2017（6）：191-206.

［112］李志生，金凌，张知宸．危机时期政府直接干预与尾部系统风险——来自 2015 年股灾期间监管部门持股的证据［J］．经济研究，2019（4）：67-83.

［113］刘鹤．两次全球大危机的比较研究［M］．北京：中国经济出版社，2013.

［114］刘金娥，陈国进．基于投资者情绪和异质信念对股指期货波动率的分析［J］．投资研究，2021（1）：117-136.

［115］刘学文．中国股市投资者情绪测度指标的优选研究［J］．中国管理科学，2019，27（1）：22-33

［116］鲁万波，于翠婷，王敏．基于非参数条件自回归极差模型的中国股市波动性预测［J］．数理统计与管理，2018（3）：544-553.

［117］陆慧玲，魏宇，王考考．微指数、百度指数与上证综指收益率预测［J］．信息系统学报，2019（1）：87-98.

［118］陆静，张银盈．“特质波动率之谜”与估计模型有关吗？［J］．中国管理科学，2021（9）：1-12.

[119] 鹿坪，姚海鑫．机构持股、投资者情绪与应计异象［J］．管理评论，2016（11）：3-15.

[120] 吕江林，王庆皓．国际金融危机对 FDI 的影响渠道研究［J］．经济问题，2011（2）：104-108.

[121] 孟迎芳，郑思琦，王大鹏，等．负性情绪对注意促进效应的调节［J］．心理科学，2018，41（2）：298-304.

[122] 乔海曙，杨蕾．沪深 300 指数成分股系统性风险贡献分析——基于股票指标关联网络的研究［J］．中南财经大学学报（社会科学版），2016（3）：114-123.

[123] 裘江南，谷文静，杨书宁，等．突发事件微博舆情爆发地点监测方法［J］．系统工程，2018（7）：113-122.

[124] 史永东，程航．投资者情绪和资产定价异象［J］．系统工程理论与实践，2019（8）：1907-1916.

[125] 史永东，王镇．投资者情绪影响动量效应吗？——来自上证 A 股的经验证据［J］．投资研究，2015（9）：90-103.

[126] 宋红娟，蒋玉石，李伟．奈特不确定性下的动态价格情绪：基于事件相关电位的研究［J］．管理科学，2021，34（1）：113-129.

[127] 孙昌群．中国股市政府干预的效果分析［J］．金融发展研究，2003（7）：36-37.

[128] 唐雪梅，赖胜强．网络辟谣信息如何影响受众的感知可信度——信息介入度的调节效应［J］．国际新闻界，2020（8）：27-48.

[129] 万孝园，陈欣．雾霾对中国股市收益的影响［J］．投资研究，2016（1）：81-94.

[130] 汪天都，孙谦．传统监管措施能够限制金融市场的波动吗？

［J］．金融研究，2018（9）：177-191.

［131］王博，刘翀．央行沟通的金融市场效应——来自中国的证据［J］．经济学动态，2016（11）：22-32.

［132］王博．投资者情绪与股票市场定价效率实证研究［J］．贵州财经大学学报，2014（4）：39-47.

［133］王春，袁勋，陈建．投资者情绪对股票市场收益的影响——基于综合指标的研究［J］．经济与管理，2019（11）：28-32.

［134］王朝晖，李心丹．股指期货市场与股票市场：信息传导与风险传递［J］．社会科学战线，2013（5）：253-256.

［135］王琳，孙子惠，赵登攀．中国货币政策预期管理有效性及政策透明度研究——基于社会融资规模数据［J］．宏观经济研究，2020（2）：30-42.

［136］王玲玲，方志耕．中国股市投资者情绪对货币政策调整的动态响应研究［J］．现代经济探讨，2018（2）：45-52.

［137］王茂斌，孔东民．个股系统流动性风险与预期回报：基于套利定价模型的检验［J］．当代财经，2010（3）：51-60.

［138］王美今，孙建军．中国股市收益、收益波动与投资者情绪［J］．经济研究，2004（10）：75-83.

［139］王若茵，范宁．任务与字频对汉字情绪启动反转效应的影响［J］．心理科学，2016（3）：559-565.

［140］王少平，赵钊．中国资本市场的突出风险点与监管的反事实仿真［J］．中国社会科学，2019（11）：44-63.

［141］王晓博，刘伟，辛飞飞．政府担保预期、存款保险限额与银行风险承担［J］．管理评论，2018（10）：14-25.

［142］文凤华，肖金利，黄创霞，等．投资者情绪特征对股票价格行为的影响研究［J］．管理科学学报，2014（3）：60-69.

［143］吴晓求．股市危机：结构缺陷与规制改革［J］．财贸经济，2016（1）：22-32.

［144］向诚，陆静．基于技术分析指标的投资者情绪指数有效性研究［J］．管理科学，2018（1）：129-148.

［145］肖争艳，黄源，王兆瑞．央行沟通的股票市场稳定效应研究——基于事件研究法的分析［J］．经济学动态，2019（7）：80-93.

［146］谢静，唐富祥．情绪启动中反转效应的机制与研究［J］．社会心理科学，2011（9）：15-18.

［147］谢世清，唐思勋．投资者情绪与宏观经济波动对股票市场收益率的影响［J］．宏观经济研究，2021（2）：99-107.

［148］徐飞，花冯涛，李强谊．投资者理性预期、流动性约束与股价崩盘传染研究［J］．金融研究，2019（6）：168-187.

［149］杨超，姜昊，雷峥嵘．基于文本挖掘和百度指数的汇率预测［J］．统计与决策，2019（3）：85-87.

［150］杨天宇，钟宇平．中国银行业的集中度、竞争度与银行风险［J］．金融研究，2013（1）：122-134.

［151］姚德权，黄学军，杨光．中国机构投资者情绪与股票收益关系研究［J］．湖南大学学报（社会科学版），2010（6）：46-50.

［152］易志高，茅宁，汪丽．股票市场投资者情绪研究：形成、测量及应用［J］．经济问题探索，2011（11）：79-84.

［153］易志高，茅宁，汪丽．投资者情绪测量研究综述［J］．金融评论，2010（3）：113-121.

［154］于全辉．投资者情绪与证券市场价格互动关系研究［D］．重庆大学博士学位论文，2009.

［155］俞红海，李心丹，耿子扬．投资者情绪、意见分歧与中国股市IPO之谜［J］．管理科学学报，2015（3）：78-89.

［156］曾欣．中国证券市场的道德风险研究［M］．成都：西南财经大学出版社，2003.

［157］张强，杨淑娥．噪音交易、投资者情绪波动与股票收益［J］．系统工程理论与实践，2009，29（3）：40-47.

［158］张强，张宝．机构投资者情绪、承销商声誉与融资超募：来自中国创业板市场的证据［J］．湖南大学学报（自然科学版），2010（8）：154-157.

［159］张新红，叶诚略．中国股票市场政策效应的实证研究［J］．宏观经济研究，2012（4）：88-92.

［160］张宗新，王海亮．投资者情绪、主观信念调整与市场波动［J］．金融研究，2013（4）：142-154.

［161］张宗新，吴钊颖．媒体情绪传染与分析师乐观偏差——基于机器学习文本分析方法的经验证据［J］．管理世界，2021（1）：170-185.

［162］张国胜，林宇．结构突变下投资者情绪与股市收益间的非线性溢出效应研究［J］．数理统计与管理，2021，40（1）：148-161.

［163］张琦，李仁贵．塞勒与米勒关于投资者情绪的争论［J］．金融评论，2017，9（6）：47-59.

［164］张晶．零股交易真的可以被市场忽视吗？——高频交易背景下国际学者的思考［J］．证券市场导报，2018（2）：31-39.

［165］郑晖．次贷危机中问题金融机构救助对我国的启示［J］．金融论

坛，2008（10）：3-9.

［166］周小川．国际金融危机：观察、分析与应对［M］．北京：中国金融出版社，2012.

［167］周孝华，吴命．基于 EC-EGARCH-M 模型的沪深股市波动性研究［J］．软科学，2010（1）：126-130.

［168］朱孟楠，梁裕珩，吴增明．互联网信息交互网络与股价崩盘风险：舆论监督还是非理性传染［J］．中国工业经济，2020（10）：81-99.

［169］朱民，边卫红．危机挑战政府——全球金融危机中的政府救市措施批判［J］．国际金融研究，2009（2）：4-33.

［170］朱伟骅，张宗新．投资者情绪、市场波动与股市泡沫［J］．经济理论与经济管理，2008（2）：45-50.